中國古代語言學基本典籍叢書

文字蒙求

〔清〕王　筠　撰

林　賢　劉　娜　點校

中華書局

圖書在版編目（CIP）數據

文字蒙求/（清）王筠撰；林賢，劉娜點校. —2 版. —北京：中華書局，2025. 7. —（中國古代語言學基本典籍叢書）. —ISBN 978-7-101-17215-7

Ⅰ. H161

中國國家版本館 CIP 數據核字第 202536Z1D1 號

書　　名	文字蒙求
撰　　者	〔清〕王　筠
點 校 者	林　賢　劉　娜
叢 書 名	中國古代語言學基本典籍叢書
責任編輯	張　芃
裝幀設計	周　玉
責任印製	韓馨雨
出版發行	中華書局
	（北京市豐臺區太平橋西里 38 號　100073）
	http://www.zhbc.com.cn
	E-mail：zhbc@zhbc.com.cn
印　　刷	北京新華印刷有限公司
版　　次	2021 年 4 月北京第 1 版
	2025 年 7 月第 2 版
	2025 年 7 月第 3 次印刷
規　　格	開本/920×1250 毫米　1/32
	印張 9¼　插頁 2　字數 170 千字
印　　數	6001-8000 冊
國際書號	ISBN 978-7-101-17215-7
定　　價	56.00 元

叢書出版説明

　　語言文字是人們進行思維、交流思想的工具，是人類文化的載體。我國傳統文化博大精深，要研究、傳承她，首先要掃清語言文字方面的障礙，因爲"六經皆載於文字者也，非聲音則經之文不正，非訓詁則經之義不明"。我國傳統的語言文字學又稱小學，兩千多年來，前人留下了大量寶貴的小學著作，研究它們是研究中國文化的基礎工作。有鑒於此，我們計劃出版《中國古代語言學基本典籍叢書》，以整理最基本的小學典籍，向讀者提供一套可靠而方便使用的通行讀本，對文本加以斷句和標點及精要的校勘（關乎對文意理解），而不以繁瑣的考證、校勘爲務。

　　限於主客觀條件，古籍版本未必搜羅齊備，點校未必盡善盡美，希望讀者向我們提供批評、信息和幫助，一起爲我們的事業而努力。

中華書局編輯部

2018 年 1 月

目　録

前　言

　　王筠，字貫山，號箓友，山東安丘人。清乾隆四十九年（1784）生於山東安丘，道光元年（1821）舉人。道光二十四年（1844）授山西鄉寧知縣，後代理徐溝、曲沃知縣，一生兢兢業業，爲政清廉。咸豐四年（1854）十二月九日卒於鄉寧縣官署，享年七十一歲。

　　王筠少而好學，畢生致力於研究《説文》之學，與段玉裁、桂馥、朱駿聲齊名，被稱爲“《説文》四大家”。代表著作《説文釋例》，闡發《説文》條例，訂補許慎、段玉裁、桂馥之誤，成果卓著；《説文解字句讀》疏解許説，在綜合前人成果的基礎上獨闢蹊徑，貫穿自己的文字學思想，考證文字一千一百多條。這兩本書與《説文補正》《説文繫傳校録》《句讀補正》一起，合稱“王氏《説文》五種”。此外，他還著有《説文廣訓》《四書説略》《正字略》《毛詩重言》《禮記讀》《史記校》等。

　　《文字蒙求》作爲蒙學識字讀物，初名《字學蒙求》，取《周易》“童蒙求我”之義。原是王筠應友人陳山嵋（雪堂）

的請求，爲教陳氏二孫識字而編寫的蒙學課本，道光十八年（1838）由陳山嵋手寫付刻。後經王筠修訂，改名《文字蒙求》，重刊於道光二十六年（1846），成爲後世印行的底本。民國時期，該書曾作爲高等小學教材使用。

該書以《説文解字》爲基礎，編排上衹取象形、指事、會意、形聲四書，每一書下根據文字的意義類型、形體特點等標準細分多個小類，總列2036字。象形之下，依據所象事物種類分爲天地、人、動物、植物、衣服器械屋宇五種正例，又依據象形字的形體和表意特徵，分爲一字象兩物形、兼聲意之象形等九種變例；指事之下，分爲純體指事字一種正例和以會意定指事、即意即事者等八種變例；會意之下，分爲順遞爲意、並峙爲意等九種正例和省文會意、反文會意等十一種變例以及五十八個闕疑字；形聲之下，分爲楷已變篆、爲它字之統率、聲意膠葛及聲不諧、從省聲四種類型。

《文字蒙求》説解上大體首列楷書，次列小篆、古文字字頭，下陳釋義辨析，或加注音。釋義不必盡依《説文解字》，以簡明通俗爲追求，省去《説文》的體例類術語和前人加的反切注音，以便讀者識得文字形義，可以説是封建時代學習文字的普及類讀物。注音多採用大徐本《説文解字》中的反切，間有直音。

除此之外，《文字蒙求》也是學習文字學的入門之書，其中對於古今字、正俗字、異體通用字等文字現象的描寫，有助於瞭解王筠的文字學思想，值得深入挖掘。

　　本次整理，除校訂文字、標點斷句等基礎工作之外，還進行了字頭注音、酌加按語、編製音序和筆畫索引等工作，希望能爲讀者提供一部可信的整理本，爲今後研究王筠文字學理論提供參考。

凡 例

1. 底本採用中華書局 1962 年影印道光二十六年
（1846）本《文字蒙求》。其他傳世的版本有光緒五年（1879）
鮑廷爵據道光本再刊本，世稱後知不足齋本，與前書内容
基本一致。參考大、小徐本《説文解字》，以及《説文解字
注》《説文釋例》《説文解字句讀》等文獻進行核校。

2. 各條正文一依原書，首列楷書字頭，次列小篆、古文
字字頭（使用圖片形式以存真），下陳釋義辨析。爲方便讀
者快速掌握該字，於字頭後注明現代漢語拼音；酌加整理
者按語，以“【按】”標識。

3. 字頭所注拼音依據底本音切折合，與今音差異較大
者於按語中注明；底本無音切者，結合今人研究成果選定。
個别多音字，拼音之間使用“/”隔開。如：

日 ⊖（rì）日中有黑影，初無定在，即所謂三足烏者也。

丿 ㇒（bì/piě/yǎo）房密、匹蔑、於小三切。右戾也，
象左引之形。

4. 除小篆、古文字和個别疑難字符使用圖片外，全書採

用通用繁體字形。在不影嚮文意的情況下，將底本中的舊字形、避諱字徑改爲現代規範字形。字頭及正文中的字形均以遵從底本爲原則，兼顧規範與造字。

5. 整理者按語以楷體字排印，主要補充關於該字的古文字字形、注音、釋義。如：

革　革　鞏（gé）皮巳去毛曰革，平張之狀也。《説文》以爲意兼聲字，似誤。

【按】革，古文作𩵋、𤔔、𩵋、𠦝，正象革之平張狀。

肉　⚫（ròu）胾肉也。胾，大臠也。

【按】胾，音 zì，切成大塊的肉。臠，音 luán，切成小塊的肉。

井　丼（jǐng）外象井韓，内象汲缾。

【按】井韓，又作“井幹”，即井上的圍欄。汲缾，即汲水瓶，爲一種尖底汲水器皿。它巧妙運用重心原理和水的浮力，一接觸水面就自動傾斜，灌滿水後又因爲重心移動而自然豎起。

6. 本書校語和按語中涉及的主要書目版本信息如下：

大徐本《説文解字》（簡稱“《説文》”），中華書局 2013 年影印陳昌治本；小徐本《説文解字》，中華書局 1987 年影印清道光年間祁寯藻本；段玉裁《説文解字注》，中華書局 2013 年影印日本早稻田大學藏本；王筠《説文解字句讀》，中華書局 1988 年影印本。

自　序^①

　　雪堂謂筠曰:"人之不識字也,病於不能分。苟能分一字爲數字,則點畫必不可以增減,且易記而難忘矣。苟於童蒙時先令知某爲象形,某爲指事,而會意字即合此二者以成之,形聲字即合此三者以成之,豈非執簡御繁之法乎?惟是象形則有純形、有兼意之形、有兼聲之形、有聲意皆兼之形,指事則有純事、有兼意之事、有兼聲之事、有聲意皆兼之事,不可不辨也。至於會意,雖即合形、事以爲意,然有會兩形者,有會兩事者,有會一形一事者,亦有會形聲字者;且或以順遞爲意,或以竝峙爲意,或於字之部位見其意,或从是字而小變其字之形以見意,或以意而兼形,或以意而兼事,或所會不足見意而意在無字之處,或所會無此意而轉由所从與从之者以得意;而且本字爲象形、指事,而到之即可成意,反之即可成意,省之、增之又可以成意,疊二、疊三無不可以成意;且有終不可會而兩體、三體各自爲

_____

① 標題爲整理者所加。

意者,此其變化,又不可不詳辨也。至於形聲,則由篆變隸大異本形者必采之,爲它字之統率者必采之,不過三百字而盡。總四者而約計之,亦不過二千字而盡。當小兒四五歲時識此二千字,非難事也。而於全部《説文》九千餘字,固已提綱挈領、一以貫之矣。余久欲勒爲一書,而夙夜在公,未之能成,然終以爲訓蒙之捷徑也。於隸友何如?"

筠曰:"善。"爰如雪堂意纂之。於象形、指事、會意字,雖無用者,亦皆搜輯,形聲字所收者四類,總二千餘字而已,誠約而易操者乎。説解取其簡,或直不加注,兼以誘之讀《説文》也。篆文間依鐘鼎,以《説文》傳寫有譌也。恒見字不加音切,不欲其繁也。既成,以示雪堂。

雪堂曰:"善。"適銕菴爲我刊《正字略》,即以是書報謝之。雪堂者,陳其姓,山嵋其名,筠之同年友也。銕菴者,楊其姓,承注其名,又雪堂之同年同部友也。皆奇士,與筠善。道光十有八年戊戌十二月三日,安邱王筠序。

又　記^①

　　雪堂兩孫已讀書，小者尤慧，促我作此，教之識字，遂不日成之。不料雪堂未加診視，遽付之梓。葢其爲人狷介而堅确，我所素重，而談及六書，又惟吾言是聽故也。丙午長夏，時當收麥，案牘甚希，略加改易，使就繩墨再刻之，期不負執友鄭重之意焉。閏月十二日丙申，詅友筠記於鄉甯署齋。

---

① 標題爲整理者所加。

文字蒙求卷一

以下二卷列字率以類聚

象　形

《易》曰："百官以治，萬民以察。"知文字爲記事而作，如今之帳簿而已。有實字，無虛字。後世之虛字，皆借實字爲之也。字因事造，而事由物起。牛、羊，物也，牟、芈則事也；艸、木，物也，出、毛、𣎴、卤皆事也。故班書《藝文志》曰："六書，謂象形、象事、象意、象聲、轉注、假借。"其次第最允，《説文》及《周禮》鄭注皆不及也。鐘鼎象形字，皆畫成其物，隨體詰屈。李斯變爲小篆，欲其大小齊同，不能無所伸縮，遂有不象者矣。兹兼采古文，以便初學。

日　⊖（rì）日中有黑影，初無定在，即所謂三足烏者也。

月　☽（yuè）月圓時少，闕時多，且讓日，故作上下弦時形也。中一筆本是地影，詞藻家所謂顧兔桂樹也。

【按】"顧兔桂樹"，古代神話傳説中月亮陰精結成兔形，月中有桂樹,後以"顧兔"代稱月亮。

雲 云 ?（yún）雲与煙同形,下細上大。倒轉?字即是
"云"字,再加"雨"爲"雲",遂成形聲字。

雨 雨 雨（yǔ）"一"象天,"丨"則地气上騰也,"冂"則
天气下降也。陰陽和而後雨。點則雨形。

申 ?（shēn）"電"之古文也。電光閃爍,有長有短,字
形象之。《説文》"電"下云"從申","虹"下云"申,電也",
皆可證。籀文作?,小篆作?,不復成爲象形。
【按】古文"申、電"一字,"電"乃"申"之後起分別文,專
表雷電義。

气 ?（qì）此雲氣之正字。經典作"乞"而訓爲"求",
本是假借,借用既久,遂以"氣"代"气"。"氣"乃"餼"之
古字,又作"既、槩"。《論語》:"不使勝食氣。"《中庸》:"既
稟稱事。"此古字古義之僅存者。

火 ?（huǒ）火之形,上鋭而下闊,其點則火星迸出者也。

山 山（shān）其上,峰也;其下,巖穴也。

厂 厂（hǎn）籀文作"斤",呼旱切。山石之厓巖,人可居
者也。峭直者山之體,横出而下覆者厓之形。

自 ?（duī）俗作"堆",小阜也,故其形殺於自。

【按】"𠂤"即"阜"的異體字。"形殺於𠂤",謂"𠂤"字形體從"𠂤"省下口。今常用作量詞"堆"。

阜 𨸏 𨸏（fù）大陸,山無石者。其字如畫坡陀者然,層層相疊者也。上不起峰,故曰無石。

【按】坡陀,即陂陀,傾斜、不平坦之義。

氏 𠂤（shì）巴蜀名山岸脅之旁著欲落墮者曰氏。

【按】此説與段玉裁"巴蜀名山岸脅之𠂤旁著欲落墮者曰氏"同。段氏曰"小阜之旁著於山岸脅,而狀欲落墮者曰氏",乃是巴蜀方語。即山崖半腰行將墜落的小山堆叫作"氏"。郭沫若認爲是"匙"之初文,今尚有争論。

水 𣲳（shuǐ）此字當橫看,如畫水者然,長短皆水紋也。"益"字所从,當是本形。

【按】益,小篆作𥝖,上象水横置之形,可證王説。

泉 𤽄（quán）上半象泉形,下半象流出成川形。

川 𠧪（chuān）貫穿通流水也。

井 丼（jǐng）外象井韓,内象汲缾。

【按】井韓,又作"井幹",即井上的圍欄。汲缾,即汲水瓶,爲一種尖底汲水器皿。它巧妙運用重心原理和水的浮力,一接觸水面就自動傾斜,灌滿水後又因爲重心移動而自然豎起。

仌 仌（bīng）初寒曡淩作此形，大寒冰裂亦作此形。"冰、凝"本一字，今以"冰"代"仌"，專以"凝"爲凝聚字。《爾雅》："冰，脂也。"郭注："《莊子》云：'肌膚若冰雪。' 冰雪，脂膏也。"即《詩》"膚如凝脂"也。是以"冰"爲"凝"之僅存者。李陽冰之兄名堅冰，而少温自篆其名作"冰"，誤也。今人讀作李陽凝者非。

土 土（tǔ）"二"象地之下、地之中。丨，物出形也。

田 田（tián）外象封畛，内象阡陌。

【按】封畛，即封地邊界，泛指疆界。阡陌，即田間小路。

邑 邑（chóu）古又作"畽"，今作"疇"，篆當作 ，既耕既鑼之形也。

【按】鑼，音 bà，即今之"耙"，有平整土地的作用。《六書故》："耰，臥兩莉，著齒其下，人立其上，而牛輓之以摩田也。別作'鑼'。"

亶 亶（guō）回象内城外亶，上下則兩亭相對也。今借用"郭"。郭本作"虢"，國名也。槨，今亦作"椁"。"亶"又爲"墉"之古文。

厽 厽（lěi）力軌切。絫坡土爲牆壁也。坡，一甴土也。吾鄉河邊生莎，以甴裁其土爲方，發而乾之以絫牆，謂之莎墼，即此坡也。厽象衆坡重絫之形。目巧所成，不能正方，故作鐵形。

【按】鐵，即銳利之鐵器。段玉裁《說文解字注》曰："郭注《爾雅》用爲今之尖字。"

　　右天地類之純形。

君 𩫖 𩫋（jūn）象君坐形。

【按】《說文》釋"君"爲尊也，聲訓揭示君之得名由來，提示字義。從口，所以發號。

臣 臣（chén）象屈服之形。

【按】古文字"臣"作 𦣻、𦣝、𦣠、𦣤 等形，主要取豎目之象，表示恭敬之意。

民 𡲆 𢁉（mín）凡人形字，面皆向左。"君"作正面形，"臣"及小篆𡰣皆向右，歸向其君之意也。古文𢁉中央似"母"字，上下似"弟"字，蓋蚩氓之狀也。

【按】蚩氓，出自《詩經·衛風·氓》："氓之蚩蚩，抱布貿絲。"指敦厚的人。

弟 𢁉（dì）上象丱角，下象足，從兄之狀也。《說文》以爲形聲字，似非。

【按】丱，音 guàn，古代兒童束的上翹的兩隻角辮。

人 𠤎（rén）象臂脛之形，臂下垂，与脛相屬，故兩而不四。

【按】"兩而不四"，指手臂下垂，與脛腿相附，側視祇見一臂一脛之形,執簡馭繁。

儿 ⺎（rén）人之奇字。

【按】《說文》:"孔子曰:'在人下故詰屈。'" 讀 ér 的 "儿" 祇是 "兒" 的簡化字。

子 ⺺（zǐ）上象首,中象臂。小兒之手,不能下垂,故上揚也。下象股,一而不兩者,在緥中也。

女 ⿰（nǚ）葢象斂抑之狀。

【按】甲骨文 "女" 字作 ⿰、⿰,形體相近,或左或右,象女子兩手胸前交叉、屈膝而跪的形狀。本義指女性。

心 ⺊（xīn）中象心形,外兼象心包絡也。

百 ⿱ 首 ⿱（shǒu）二字同。上字但象頭形,下字加髮。

囟 ⊗（xìn）息進切。亦作 "膟",頭會腦葢也。

【按】膟,音 xìn,囟之俗字。一音 zǐ,食也。

目 ⬬ ⬬ ⬭（mù）古文本橫,小篆直之,取偏旁易於配合也。

自 ⿱ 白 ⿱（zì）二字同,古 "鼻" 字也。今人言我,自指其鼻,葢古意也。

口 ⿰（kǒu）象上下脣之形。

牙 𩇢（yá）當口上下齒謂之"齒"，在頤內者謂之"牙"，虎牙亦曰"牙"。牙形平，故象其上下相切之形。

臣 𦣞 𦣻（yí）"頤"之古文，顄也。
【按】顄，音 hán，又音 hàn，即下巴。今作"頷"。

耳 𦣝（ěr）外象輪郭，注中者竅也。

嗌 𣬰（yì）"嗌"之籒文，咽喉也。上象口，下象頸脈理也。

亢 𣎵（gāng）古郎切。人頸也。亢承首之下，人以象頸頰，八則亢形，"一"則中央之高骨也。俗作"吭"。

冄 𠕋（rǎn）"髯"之古文也。俗作"髥"。《廣韻》汝鹽切，乃古音。《唐韻》而剡切，六朝變音也。

而 𦓐（ér）頰毛也。口上曰髭，故 𦓐 字左右分披。"而"蓋脣下之須，故下垂也。《周禮》曰："作其鱗之而。"則獸毛也。之，古作"屮"，象頂毛上衝之形。"而"亦謂頰下毛也。

厶 𠫔（gōng）亦作"厷、肱"。
【按】厶乃"厷"之古文，臂上也。

手 𡴥（shǒu）上象五指，下象掔。
【按】掔有兩音，讀 qiān 表示固緊，讀 wàn 表示手腕。此處取手腕義。

𠂇 （zuǒ）臧可切。左手也。三指者，約之也。

又 （yòu）右手也。古之“𠂇又”，今用“左右”。古之“左右”，今作“佐佑”。

【按】“𠂇又、左右、佐佑”構成兩組古今字，在表示方位時，“𠂇又”爲古則“左右”爲今；在表示輔助時，“左右”爲古則“佐佑”爲今。

吕 （lǚ）同“膂”，脊骨也。脊骨廿一椎，象椎与椎相連，有筋系之。

𠦬 （guāi）古懷切。背吕也。象脅肋形。案：吕、𠦬、身、躬、膂、背，一體而六名。膂，今作“脊”。

止 （zhǐ）古“趾”字。上象足指，下象跟。

力 （lì）筋也。象筋形。

【按】力，《説文》：“筋也。象人筋之形。治功曰力，能圉大災。凡力之屬皆从力。”古文字研究成果表明，力爲象形字，象耒（一種原始農具）之形。

幺 （yāo）於堯切。小也。象子初成之形。初成者，謂胞胎之中，初成人形也。《説文》解“包”字曰：“巳在中，象子未成形。”案：包者，“胞”之古文。包中子未成形，以象之；已成形，則以象之。《廣雅》曰：“四月而胞，七月而成。”是也。《爾雅》“幺，幼”，亦謂小豕，故知爲象形。

工 工（gōng）象人有規矩也。

【按】工,《説文》:“巧飾也。象人有規榘也。與巫同意。凡工之屬皆从工。徐鍇曰:爲巧必遵規矩法度,然後爲工,否則目巧也。巫事無形,失在於詭,亦當遵規榘,故曰與巫同意。𢀠古文工从彡。”古文作𢀠、工、工,象古代測畫方正的工具之形,有學者認爲其是“巨(矩)”的初文。

尸 尸（shī）象臥人之形。

【按】尸義爲陳列也。甲骨文作𠜱、𠂆、𠂆,金文作𠃌、𠃌、𠃌。

鬼 鬼（guǐ）有首有足,仍是人形。《論語》“非其鬼”,《周禮》“人鬼”,皆謂人之祖先。許君以陰私賊害説从厶之意,是厲鬼也,非字之本意。鬼爲人所不見,惟聖人知其情狀,故制此字。祇當以爲象形,不可分析説之,闌入會意。

　　右人類之純形。

鳥 鳥（niǎo）長尾禽之總名。上象首,左出者喙,注中者目。右出者四筆,其一,頸上之翁也;二、三,翼也;其四,尾也。𠃊象足。

【按】翁,鳥頭毛。

隹 隹（zhuī）職追切。短尾禽之總名,与“鳥”字同法,但尾短耳。左方下出之筆,聊以象足。鐘鼎文作𨾦,則別作足。

朋 🦚（péng）古"鳳"字。

【按】朋，甲骨文作玤、珏，金文作玤、珏，象兩串貝繫掛在一起。篆文誤把其字形混入"鳳"下。

乞 ⺄（yà）烏轄切。燕也。亦作"𪃿"。

【按】乞，《說文》曰："玄鳥也。齊魯謂之乞，取其鳴自呼。"燕和玄鳥，其義相同，得名源於燕鳥鳴叫時發出乞乞的聲音。徐鍇注曰："其形舉首下曲，與甲乙字異也。"

燕 𤉡（yàn）此背面形也。"廿"象籲口，"口"象脊，"北"象張兩翅，"火"象尾。

【按】籲，音niè，鑷子。籲口，即燕口。因其口似箝籲之形，故稱。

舄 𦨶（què）古"鵲"字。

【按】舄，又音xì，常被借用指木底鞋，又表示碼、瀉等字含義。

烏 𪀚（wū）字形同鳥而少目者。烏色黑，目色與身色不別也。

於 𪂆 𪂆（wū）古"烏"字。象其飛形。小篆烏則立形。

焉 𪂆（yān）鳥名。

【按】焉，《說文》："焉鳥，黃色，出於江淮。"本義爲一種鳥。在古文字材料中，"焉"字常假借表句末語氣詞、代詞、連詞等。

羽 羽（yǔ）象鳥兩翅形。彡則所謂六翮者也。

卵 卵（luǎn）鳥卵圓，其形不能確象。此蓋象魚卵也，有膜裹之如袋，而兩袋相比，注中者卵也。

嘼 嘼 嘼（xiù）許救切。此"畜牲"之"畜"之古文，象耳、頭、足內地之形。

牛 牛（niú）上曲者，角也。"丨"之上爲項之高聳處，中則身，末則尾。"一"則後足也。此自後視之之形。牛行下首，故不作首。又無前足者，爲腹所蔽也。

羊 羊（yáng）上象角，下象四足及尾。

馬 馬 馬（mǎ）左象首及四足一尾，"彡"象髦，小篆之髦連於首。

犬 犬（quǎn）上象頭、耳，下衹兩足者。凡善走之物，多作兩足，如兔㕙之類；或曲其足，如鹿㲋之類。疾走則足曲，且走既疾則恍忽衹見兩足也。

【按】㲋，音chuò，一種象兔而比兔大的青色的獸，見下。

豕 豕（shǐ）豬面凹，四足竭尾。

【按】豕，古文作 、 、 ，象豬形，長吻，大腹，四蹄，有尾。豕爲豬的一種，面部凹陷，短尾巴。

希 𧰨 𧰧（dì/yì）音弟，羊至切。修豪獸也。又河內呼豕爲希。

𢑑① 𧰼（xiá）乎加切。豕也。上象頭，下象足。

鹿 𢉖（lù）上象中角旁耳。鹿善顧，故喙右向而上揚。左之下迤者，胸也。乚象脊，从象足。翹然脊上者，尾也。

廌 𢊁（zhài）宅買切。解廌也。似山羊，一角。此字大略似鹿，惟上象一角兩耳，四足如馬，尾齊足亦如馬，不似鹿之曲足竭尾也。
【按】解廌，即獬豸。古代傳說中能分辨是非曲直的異獸。

象 𧰼（xiàng）長鼻異於他獸。
【按】象，《說文》："長鼻牙，南越大獸，三年一乳，象耳、牙、四足之形。"即今之大象。

虎 𧆞（hǔ）象蹲踞形。
【按】虎，甲骨文作𧆞、𧆞、𧆞，巨口銳牙，利爪長尾，身有花紋。小篆省減其形，逐漸綫條化。《說文》曰"山獸之君"，是也。

兕 𧰽𧰼（sì）徐姊切。如野牛而青。
【按】兕，甲骨文作𧰽、𧰼，象頭頂長著獨角的犀牛。

---

① 底本無楷書字頭，今補。

豸 𧱃（zhì）池爾切。獸長脊也。一曰有足謂之蟲，無足謂之豸。

兔 𤢖（tù）象踞，後其尾形。

【按】兔，《説文解字注》曰：“其字象兔之蹲，後露其尾之形也。”是也。

㲋 𤓰（chuò）丑略切。似兔，青色而大。

鼠 𤣥（shǔ）此字當橫看，大首、伏身、曳尾。

【按】鼠，甲骨文作𤣥、𤣥，象直立的鼠形。本義爲穴居類動物，後專指老鼠。

莧 𦬸（huán）胡官切。山羊也。象角、首、足、尾之形，不可謂之从苜。

【按】苜，音 mò。《説文》曰：“目不正也。”

𤜼 𤜼（fèi）符未切。一名土螻，一名梟羊[1]。成王時，州靡國獻之。此獸四角，𦥑葢角形，本向外，寫者改之耳。

【按】𤜼，即狒。土螻，傳説中一種吃人的山羊，有四隻角。梟羊，又名“梟陽、梟楊”，義同狒狒。

离 𩠐（lí）吕支切。山神獸也。虞氏《易》離卦作“离”。此及禹、离、萬三字，皆全形，不可如許君分爲兩體、三體。

---

[1]　《説文》作“梟陽”。《康熙字典》云：“隨地異名，其爲閩閩一也。”

易 易（yì）蜥易也。

【按】"易"之構意尚無確論。古文字形作 ⺀、⻊、⻊、⺀ 等，沿兩個方向演變。徐中舒、饒宗頤以爲"賜"或"錫"之初文；孟蓬生以爲象雙手持器向另一器傾注液體之形，本義爲傾注。

虫 虫（huǐ）許偉切，音虺。蝮也。

【按】《説文》釋"蝮"曰"虫也"，爲同義互訓。今本"虫"作"虺"。

蟲 蟲（chóng）小蟲之屬好類聚，故三之。用爲偏旁則不便書寫，故作"虫"，非必"虫"爲"蝮"之專名也。大頭曲身垂尾，蟲形皆然。"融、蠱"一字，足徵"虫、蟲"一字矣。

禹 禹（yǔ）蟲也。

【按】禹字古文作 ⻊、⻊、⻊、⻊，象某種爬蟲之形。被借用表示人名，大禹。

离 离（xiè）音偰。蟲也。《漢書》用爲堯司徒之契。

【按】《説文》釋"偰"曰："高辛氏之子，堯司徒，殷之先。"偰，也作"契"，爲堯之異母兄，因封於商，成爲商族始祖，後建立商朝。

萬 萬（wàn）蟲也。蓋古文"蠆"字。古名"蠆"，今名"蠍"，此篆固蠍形也。

【按】“蠆、蠆”異體，音chài，爲蠍子一類的毒蟲。蠍，音xiē，即“蝎”字。

蠆 （chài）丑芥切。毒蟲也。疑此即“萬”字變文。

魚 （yú）魚及兔之喙皆鋭，角亦鋭，其上皆作⌃，蓋象其鋭也，勿以爲“人”字。

龜 （guī）上首也，左足也，右甲也，下尾也。
【按】龜之古文作、、，正象龜之形。

它 （tuō/shé）託何切。古“蛇”字。今分蛇音，食遮切。
【按】“它、蛇”古今字，“它”爲古，“蛇”爲今。它，今常音tā。

巴 （bā）蟲也。或曰食象蛇。

巳 （sì）詳里切。蛇也。

黽 （měng）蝦蟇也。鋭首大腹，籀文加足。
【按】蝦蟇，音há ma。一名“虾蟆、蛤蟆”。

角 （jiǎo）上象其尖，下象其體，中象其理。

肉 （ròu）胾肉也。胾，大臠也。
【按】胾，音zì，切成大塊的肉。臠，音luán，切成小塊的肉。

皮 （pí）《説文》以爲意兼聲字，竊以爲象形字，此初剥之皮柔便委隨之狀也。

【按】皮，甲骨文作 𠬝，金文作 𦣻，象以手治去獸皮之形，合革、手以會意。便，音 nuò，今作"懦"。

革 革 革（gé）皮已去毛曰革，平張之狀也。《説文》以爲意兼聲字，似誤。

【按】革，古文作 𩵋、𦥑、𦥒、𦥓，正象革之平張狀。

毛[①] 𦬇（máo）

【按】毛，金文作 𦬇、𦬇，象髦髮分開的樣子。毛之本形本義爲何，尚無定論。

𥄕 𥄕（fán）"番"之古文，亦作"蹯"。獸足也。

厹 厹（róu）人九切。獸迹也。

【按】厹，又音 qiú。如厹矛，即三棱矛。《詩經·秦風·小戎》："厹矛鋈錞。"給三棱矛柄下端飾以平底金屬套。

右動物之純形。

來 來 來（lái）麥也。上出者穗，左右四葉，麥受四時全氣，故出地者四節而四葉也。

禾 禾（hé）穀也。穀穗必垂，上揚者葉，下注者根。

---

① 底本無注解。《説文》："眉髮之屬及獸毛也。"

术 朮（shù）"秫"之古文。上象大穗，)(象其皮。皮離於莖者,著其用也,可爲席。

【按】术,一音 zhú,白术、倉术,皆爲草本藥材。與表示城邑中道路之義的"術"不同。

尗 尗（shū）"菽"之古文。初生曲項,故上曲。一,地也,下其根也。● ●則所謂土豆也,生細根之上,豐年乃堅好。

米 米（mǐ）米形難象,點以象其細碎而已,"十"則界畫之也。

枾 林（pài）匹卦切。萉之總名,實則古"麻"字也,見《説文》《玉篇》。種麻必櫛比,故重複以象之。麻則既治者,故藏之"广"中也。

【按】萉,音 fèi,即麻。广,古音 yǎn,依山崖建造的房屋,後泛指房屋。

韭 韭（jiǔ）韭族生而上平,字之上半象之。"一"則地也。

瓜 瓜（guā）外象蔓,内象實。
【按】瓜,金文作，象蔓上有果實之形。

草 艸（cǎo）古艸、草分兩字,草即皂,橡實也。艸必叢生,故兩之。

芥 芥（jiè）音介。艸蔡也,即艸芥也。經典借"芥"及

"介"用之,字形象其散亂。

【按】丰,古文作✦,象刻畫之形。本義爲契刻,與後世㓞、契、鍥同源。

竹 𥫗（zhú）竹葉必下垂。

木 𣎵（mù）中榦,上枝,下根。

叒 𣞤（ruò）"若木"之"若"之正字,當以鐘鼎文爲正。

桼 𣾰（qī）木名。點象其汁之下滴也。漆,水名,今通用。

甲 𔔅（jiǎ）木初生戴孚甲也。《易》曰:"甲坼。"

【按】甲字古文作十、田、田、十,學界或謂象鱗甲之形,或謂象鎧甲上的葉片之形。甲骨文中多借用表示天干名、人名,王説爲後世常用義。《易》解卦:"天地解而雷雨作,雷雨作而百果草木皆甲坼。"

　　右植物之純形。

糸 𢆶（mì）莫狄切。細絲也。

絲 𢇁（sī）《集韻》以"糸、絲"爲一字,猶"屮、艸""虫、蟲"之即一字也,各有从之者。斯分"糸"別作覓音。

冃 冃（mào）古"帽"字。

【按】冃,《説文》曰:"小兒蠻夷頭衣也。"謂小兒和蠻夷的頭衣,即"帽"之古字。

巾 巾（jīn）以上二字,各自象形,不必謂之从冂也。

冂 冂（mì）古"幂"字。音覓。

【按】冂,今楷書作"冖"。《説文》曰:"覆也。从一下垂也。""冖、幂"爲古今字,"幂"行而"冖"廢。

求 求（qiú）古"裘"字。

【按】《説文解字注》曰:"此本古文'裘'字,後加'衣'爲'裘',而'求'專爲干請之用。""求、裘"古今字。

鼎 鼎（dǐng）中腹、旁耳、下足。

舟 舟（zhōu）字當橫看,左艙右底,上爲舟尾,曲則容柂處也。

【按】柂,同"舵"。

方 方（fāng）併船也。象兩舟省總頭形。

車 車（chē）當橫看。方者輿,長者軸,夾輿者輪。自後觀之,則見兩輪如繩直也。不作輈者,小車一輈,大車兩輈,形不畫一,不能的指,且有無輈之車也。

【按】車字古文作車、車、車,正象車之形。

鬲 鬲 鬲 鬲（lì）郎激切。鼎屬。古文兼象釜上气。

豆 豆 昰（dòu）上象腹中有實，下則校與足也。小篆實在腹上。

【按】校，音 qiāo，通"骹"，古代几、豆等器物的足。

壺 （hú）上蓋下腹。

勺 ①（zhuó/sháo）

【按】勺，金文作，楚系簡帛文字作，象橫置的勺形。趙學清《説文部首通解》："勺爲挹酒或水之器。"其説正是。

匕 （bǐ）柶也。勺、匕同形，特柄有在上在下之異，所以相避也。

亞 （dòu）此"酒斗"之"斗"之正字，亦作"鏂"。

【按】"亞"爲"鏂"之或體，象酒器之形。

酉 （jiǔ）古"酒"字。象尊疊形，中有酒也。許君以"酒事"説之，而"酒"字即在本部，部中字又無一非酒事，可以決之。丣自是卯丣字，不可合爲一。

【按】酉，後假借表示地支。丣，即酉。

主 （zhǔ）象鐙形。

---

① 底本無注解。《説文》："挹取也。象形。中有實，與包同意。凡勺之屬皆从勺。之若切。"

几^① 几（jǐ）

且 且 且（jū）象俎形。

【按】俎，音 zǔ，本義爲古代祭祀時放祭品的器物，今多指砧板。

琴^② 琴（qín）

弓 弓（gōng）當作弓，弛弓形也。左垂者，弦。

矢 矢（shǐ）當作矢。

【按】矢，古文作矢、矢、矢，上象箭頭，豎象幹，下象栝、羽。即箭。

刀^③ 刀（dāo）

戈^④ 戈（gē）

矛^⑤ 矛（máo）

---

① 底本無注解。《説文》：“踞几也。象形。《周禮》五几：玉几、雕几、彤几、鬃几、素几。凡几之屬皆从几。居履切。”
② 底本無注解。《説文》：“禁也。神農所作。洞越，練朱五弦，周加二弦。象形。凡珡之屬皆从珡。巨今切。䥅古文珡从金。”珡字楷書作“琹”。
③ 底本無注解。《説文》：“兵也。象形。凡刀之屬皆从刀。都牢切。”
④ 底本無注解。《説文》：“平頭戟也。从弋，一横之。象形。凡戈之屬皆从戈。古禾切。”
⑤ 底本無注解。《説文》：“酋矛也。建於兵車，長二丈。象形。凡矛之屬皆从矛。莫浮切。䂁古文矛从戈。”䂁字楷書作“戎”或“㦆、戉”。

勿 勿 狗（wù）旗名。《周禮》:"大夫、士建物。""物"即"旃"之謁。

放 ⼘（yǎn）音偃。旗旒也。

【按】旗旒,喪禮中在靈柩前的長幡,後泛指旌旗。

册 ⺮（cè）楚革切。符命也,象其札一長一短,中有二編之形。

㪁 㝱（hū）"㪁"之籀文。今作"笏"。《穆天子傳》作"㪁"。

【按】《說文》以爲"出气詞"或"佩"也。

卩 ⼮（jié）此"符節"之"節"之正字,象相合之形。節,竹約也。

【按】竹約,竹子每節之間纏束的地方。

玉 王（yù）三畫正均爲玉,象三玉之連。"丨"其貫也。

丹 月 ⼂（dān）巴越之赤石,外象采丹井,"·"象丹形。

貝 ⾙（bèi）海介蟲也,古以爲貨。至周有泉,至秦廢貝行錢。

其 ⽖（jī）古"箕"字。

【按】其,古文字形作⽖、⽖、⽖,象籭箕之形,本義爲畚箕。金文中開始加"丌"提示讀音。後來由於該字形被借用表示代詞,於是加"竹"表示本義。

丌 丌（jī）音箕。今謂之架。

【按】《説文》釋爲"薦也",即今所謂薦箕。

互 互（hù）亦作"笲"。收繩之器也。

臾 臾（kuì）古"蕢"字。"貴"古作"臾",从臾聲。

【按】蕢,古代用來裝東西的草筐。一音 kuài,赤莧菜。

斗 斗（dǒu）古斗有柄。

【按】斗、鬥有別,前者表示升斗,後者表示搏鬥,漢字簡化後二者共用"斗"字形。

斤 斤（jīn）斫木之器,蓋即今之錛也。

【按】斫,音 zhuó,用刀斧等劈砍。《説文》釋爲"擊也"。

网 网（wǎng）亦作"罔、网、網"。

【按】网,象漁網之形,據形造字。

率 率（shuài）捕鳥網也。象絲網,上、下其竿柄也。

曲 曲（qū）象器曲受物之形。或曰蠶薄也。今作"苗"。

【按】苗,音 qū,其義爲蠶薄,即蠶箔,養蠶用的平底竹編器具。

皿 皿（mǐn）音猛。飲食器也。

甾 甾（zī）側詞切。缶也。

【按】鼬,古文字形作𠙽、𠙽,正象陶器之形。

缶 𦈢（fǒu）方九切。盛酒漿之瓦器。

凵 凵（qū）去魚切。又作"𥬔"。凵盧,飯器也。
【按】此字與"凵"（kǎn）形似,不同者上口呈收緊之勢。

也 𠃟（yí）古"匜"字。沃盥器也。
【按】也,今常音 yě,作句末語氣詞、副詞。

華 𦱒（bān）北潘切。箕屬,所以推弃之器也。其下爲柄。

广 厂（yǎn）音儼。此堂皇之形,前面無牆。
【按】广,一音 guǎng,"廣"的簡化字,同形而音義皆殊。

宀 𠔼（mián）武延切。此四面有牆之屋。
【按】宀,古文字形作𠔼、𠔼,正象房屋之形。

向 𠆢（lǐn）古"廩"字。上象屋形,下象户牖,慮米霉變也。

囱 𠔿 𤔔（chuāng）古"窗"字。
【按】一音 cōng,象屋頂上預留的洞。既可以採光,又可以出煙,因此分化出兩個字形分別表示。

門 門 門（mén）从二户。

户 戸 𢇅（hù）半門曰户。
【按】户的字形象半扇門,本義指單扇門。

瓦^①（wǎ）

【按】瓦，本義爲瓦器。又音 wà，表示以瓦覆屋的動作。

壺 壼（kǔn）苦本切。宮中道。

【按】此字義爲宮中的大道。形體與"壺"相近，音義不同。

亅（jué）鉤逆者謂之"亅"，讀若橜。案：此讀若，直以"亅"爲"橜"之古文也。蓋即今之倒鬚鉤，故曰逆。

右衣服器械屋宇之純形。

右五類皆純象形者，通爲一類，凡一百八十二文。

马（hán/hàn）音含，又乎感切。舌形也，又花蘂形也。

彡（shān）所銜切。毛飾畫文也。形、彡之類，皆毛飾之事；彤、彰之類，皆畫文之事。

回（huí）淵形也，又雷形也。

【按】回，本義爲旋轉，正象字之迴轉形。

右一字象兩物形者。

虍（hū）荒烏切。虎文也。省"虎"之"儿"，是去骨肉而存皮也。

---

① 底本無注解。《說文》："土器已燒之總名。象形。凡瓦之屬皆从瓦。五寡切。"

【按】虍，古文字形作 ㄓ、ㄓ，象虎頭之形。《說文》釋爲
"虎文"抓住了小篆字形的特點。

丫 丫（guǎ）工瓦切。羊角也，省羊之下半，但存角也。

与 与（jì）音罽。居例切。豕頭銳也，省希之下半，但
存頭也。

【按】罽，音 jì，一種毛織品。

由 由（fú）敷勿切。鬼頭也，省鬼之下半。

屮 屮（chè）音徹。丑列切。艸初生也，省艸之半，見其
小也。古即以爲"艸"字。

朮 朮（pìn）音髕。匹刃切。分枲之莖上皮也。枾爲麻
之總名，朮省其半，是分析之意也。

【按】朮，又作"朮、朮"，一也。枲，音 xǐ，枲麻，大麻的雄株。

　　右由象形字省之仍是象形者。

匚 匚 匚（fāng）音方。府良切。受物之器也，器之口
不在旁。此避去魚切之"匸"，口犯切之"凵"，因作此形
也。匚則避匸之形也。

【按】匸，音 qū，飯器，見上文。凵，音 kǎn，《說文》："張口
也。"古文字研究認爲其象坎穴之形，爲"坎"之初文。

　　右避它字而變其形者。

以上三類雖非正例，仍是純形，不兼它字以成之也。
通爲一類，凡十文。

臼 🅺（jiù）其九切。擣粟之器，外象臼，弇其口者，象
其質之厚也。中象米形，然非直從米字也。
【按】弇，音 yǎn，掩蓋、遮蔽。

右物多此形，因兼其用以象之者，此字獨爲一類。

雷 䨲 䨻 🅺（léi）末一字見楚公鐘①銘。本象形字也，
籀文整齊之而加兩“回”，小篆又省爲三“田”，其形遂不能
確象，故以雨定之，然雨非雷之本物也。下文亦有以本物
定之者。

雹 🅺（báo）從雨。🅺象雹形，中有點者，雹中心虛也。

岳 🅺（yuè）古文嶽。從山，上象形。

石 🅺（shí）從厂，口象石形。

京 🅺（jīng）人所爲絕高丘也。從高省，“丨”象高形。

凷 🅺（kuài）古“塊”字。從土，“凵”象塊形。

舍 🅺（shè）從亼，“屮”象屋也，口象築也。

———
① 《新金文編》作“楚公逆鐘”。

【按】舍，本義爲居舍，與表"捨棄"的"捨"不同。漢字簡化之後，二者共用一個字形。

母 ❀ (mǔ) 从女，象裹子形。一曰象乳。

兒 ❀ (ér) 从儿，❀象頭囟未合形。
【按】"❀象頭囟未合"，此處取❀字形體特點以說"兒"，象小兒囟門未閉合之形。

兒 ❀ (mào) 古"貌"字。从儿，"白"象頭形。

包 ❀ (bāo) 古"胞"字。象人裹妊。从勹，❀象子未成形。

夑 夑 (wǎn) 亡范切。腦蓋也。象皮包覆腦，下有兩臂，而夊在下。
【按】夑，作腦蓋義時讀 wǎn，後分化出鍐，指馬頭上的裝飾。腦蓋，大致相當於囟門、天靈蓋的位置。夊者，象兩脛之形，音義詳見"履"下注。

瞷 ❀ (juàn) 居倦切。目圍也。从眴、乀。案：乀非字。鐘鼎文作❀。亣部"奰"，頁部"顋"，上不包目，下仍包目。然則目圍也者，今所謂眼圈也。
【按】眴，音 jù，左右視也。奰，音 yàn，大貌。顋，音 yuàn，頭頂。

谷 谷 (jué) 亦作"嘟、臄"。其虐切。口上阿也。从口，

"久"象其文理。

【按】唃、膑，皆音 jué，與"谷"同義，表口內上顎曲處。

函　（hán）亦作"肣"。胡男切。舌也。从马，"囧"象舌形，亦象花蕊形。

【按】肣，在此處音 hán，指舌頭。一音 qín，收縮也。又音 hàn，指牛腹。

耴　（zhé）陟葉切。音輒。耳垂也。从耳，乚象其垂。

鼠　（liè）古"鬣"字。从囟，餘皆象毛髮形。

【按】鼠，古文字形作、，上象動物毛髮上舉之形，下象其身。小篆字形中部譌作"囟"。

肩　（jiān）从肉，"户"象肩形，非門户字也。

叉　（zhǎo）側狡切。音爪。手足甲也。从又，手也。點象甲形。

胃　（wèi）穀府也。从肉，"囟"象形。

【按】《黄帝内經·素問》："脾胃者，倉廩之官，五味出焉。"胃是貯藏穀物的倉庫。府，即今之"腑"。胃是六腑之一，其餘為大腸、小腸、三焦、膀胱、膽。

要　（yāo/yào）从臼，象人要自臼之形。此古"腰"字，後讀於笑切，乃加肉旁別之。古文作，楷由古文變之。

足 足（zú）从止。止，古"趾"字。○象脛骨形。

疋 足（shū）所葅切。足也。上象腓腸，下从止。
【按】腓（féi）腸，小腿肚。

兆 兆（gǔ）音瞽。壅蔽也。从儿，□象左右皆蔽形。
【按】壅蔽，隔絶遮蔽。

巫 亞（wū）从工，象人兩褱舞形。
【按】褱，即"袖"。巫的古文作 巫、玉、兾，象兩手持某種器具祭祀神靈。玉之 ∧∧ 象兩袖舞形，小篆承此形體釋義，較爲晚出。

办 幺（chuāng）同"創"。从刀，兩"一"象創形。

弁 　覍 　（biàn）皮變切。冕也。覍从兒，　、昪从廾，上半皆象弁形。"卞"亦"弁"之俗字。

先 先（zān）古"簪"字。从儿，"匕"象簪形。

帶 帶（dài）上象帶有結，兼象佩形。下从重巾，帶之垂者也。

市 市（fú）古"韍"字，俗作"紱"。分勿切。韠也。从巾，象連帶之形。
【按】韠，音 bì，即韠膝，一種古人用來遮蔽身前的皮製服飾。

履 履（lǚ）"舟"象履形。尸者，人也。彳、夊皆行也。
【按】彳，音 chì，小步也。夊，音 suī，行遲曳夊夊，指緩慢
行走的樣子。

衰 衰（suō）古"蓑"字。从衣，林象蓑形。

爵 爵（jué）禮器也。从鬯，从又。上象雀形，故又用爲
"雀"字。

羸 羸（luǒ）郎果切。獸名。"嬴、贏"等字从之。案：此
字从肉可解，餘皆不可解。

番 番（fán）亦作"蹞"。獸足也。从釆，"田"象其掌。

血 血（xuè）从皿。"一"象血形。

蜀 蜀（shǔ）葵中蠶也。从虫，"目"以象其頭，勹象其身
蜎蜎之狀。
【按】蜀，古文字形作 蜀、蜀，構意不明。徐中舒等學者認
爲像野蠶之形，上作目形，像蠶頭之省；下作蜷曲之形，像
蠶身蜎蜎之形。

皀 皀（xiāng/bī）音香。又皮及切。穀之馨香也。从
匕，"白"象穀在裹中之形。

倉 倉（cāng）从食省，口象倉形。

【按】倉，古文字形作 、、，上象覆蓋，中象藏米穀的倉房，下象其底及倉房四隅之形，即今之倉庫。

果 （guǒ）从木，象果形。生成之物多圓，小者以象之，"金、鹵"是也；大者以象之，"石"是也。此中加"十"者，果熟味足，則坼裂也。

束 （cì）七賜切。又作"莿"，木芒也。从木，象束形。

才 （cái）艸木之初也。从"丨"上貫"一"，將生枝葉。一，地也。

鹵 （lǔ）郎古切。東方謂之"庐"，西方謂之"鹵"。从"西"之籀文"卤"，點象鹵形。

【按】庐，音 chì，《説文》釋爲"邸屋也"，取開拓房屋之義，引申表示拓寬、開拓。

虡 （jù）其吕切。鐘鼓之柎，飾爲猛獸。从虍，"異"象其下足。案：柎者，足也。此字以"異"爲主，而非同異之字。

【按】柎，音 fū，本義爲鐘鼓架的足，後泛指器物的足。"此字以異爲主"，言"虡"字構形的主要部件是"異"，但只取其形。

樂 （yuè）从木，虡也。上象鼓鞞形。

【按】樂，古文字形作 、、，上象鼓，下象鼓架，會音樂之意。虡，音 jù，古代懸挂鐘或磬的架子兩旁的柱子。

業 業（yè）大版也，所以懸鐘鼓。从丵，象其捷業如鋸齒，下象版。

【按】業，用來裝飾橫木、懸挂樂器的大版，象鋸齒一般參差排列。從丵、巾會意，巾象版形。

豊 豊（lǐ）音禮。行禮之器也。从豆，"曲" 象其形。

鬯 鬯（chàng）鬱鬯也。从凵，器也。中象米，匕所以扱之。

【按】鬱鬯，香酒。由黑黍釀成，用於祭祀或宴饗。

盾 盾（shùn）食閏切。所以扞身蔽目，故从目，上象盾形。

【按】盾，今音 dùn。扞，音 hàn，保護。後作 "捍"。

枀 枀（huá）互瓜切。俗作 "鏵"，兩刃臿也。从木，上象枀形。

【按】臿，音 chā，掘土的工具。

弦 弦（xián）从弓，𢆶象絲弦紾戾之形，非字也。

【按】"絲弦紾戾"，指絲或弦纏繞彎曲。

磬 磬（qìng）从石，"声" 象懸虡之形。殳，擊之也。

軎 軎（wèi）于歲切。亦作 "𨍏"，車軸耑也。"〇" 以象輨形。輨，古滿切，轂耑錔也。

【按】耑，即 "端"，古今字。輨，音 guǎn，包在車轂頭上的金屬套。錔，音 tà，金屬套。

巨（jù）古“矩”字,亦作“榘”。从工,“コ”象手持之。

斝（jiǎ）玉爵也。从斗,“冂”象形。“吅”与“爵”同意。

升（shēng）从斗,亦象形。

【按】斗之古文作、,升之古文作、、,形體相近,“升”象以斗挹取酒漿之形。

爲（wéi）母猴也。其爲禽好爪,故从爪,餘皆象形。

【按】爲,古文作、、,象以手役使大象之形,會勞作意。

右爲其形不能顯白,因加同類字以定之,是謂以會意定象形,凡五十七文。

弋（yì）橛也。ノ象橛形,橛必著於物,乀則所著之物之形,𠂆則橛上所挂之物也。弋射本作“隿”,《論語》《周禮》作“弋”,皆省借。

巢（cháo）从木,巢在木上也。巛象鳥形,臼象巢形。

眉（méi）……象眉形,……象額理。在目之上,額之下,是眉也。

蟊（móu/máo）莫浮切。蟲食苗根者,故从蟲。“丨”象苗根,……象蟲形。經典作“蝥”,借用也。鼅蝥,作網蜘蛛也。蝥,莫交切。尤侯二部,蕭肴豪三部,古通。

【按】鼅,音 zhuō。與蝥合稱,爲蜘蛛的一種。

殸 㱇（qìng）籀文“磬”字。卪象磬形，“屮”象懸虡之形。殳，擊之也。

右以會意定象形而別加一形者，凡五文。

齒 齒（chǐ）㐅象齒形，从口犯切之“凵”者，口張齒乃見也。“一”爲上下齒中間之虛縫。从止聲。古文㘛則从凵，象齒形。

舜 䑞（shùn）蕣也，蔓地連花。“匚”象形。从舛，舛亦聲。【按】舜，古文作㻎、㿜、㾡，今人考釋作“夋”，是舜的同音字，古書二者通用。蕣，音fú，多年生纏繞草本植物，花葉似薙菜而小。

金 金（jīn）點象金形。从土，土生金也。今聲。

椇 椇（jū）舉朱切。枳椇也。从木，人象椇形，明聲。

龍 龍（lóng）“肙”象其形。从肉，童省聲。【按】龍，古文作㠪、㐬、㿜、㾡，正象龍側身正視之形。

禽 禽（qín）走獸總名。从内，凶象頭形，非吉凶字也。今聲。

右兼聲意之象形，凡六文。

衣 衣（yī）上似人字，下似兩人字，鐘鼎文皆然。《説文》

所收古文从亼者，直从兩人字，蓋傳寫之譌。

【按】衣，古文作冬、仓、仌，象衣領、左右袖子和衣襟向左掩覆的樣子。

　　右似會意之象形一文。

身　身（shēn）从人，从𢎚省聲，而全身之形皆具。

【按】身，古文作𠂤、𠂢、𠂤，象隆起腹部的人，表示身軀義。

能　熊（néng）熊屬。从肉，即以象其胸。从比，即以象其足。从𠯑聲，即以象其頭。

　　右全無形而以意聲爲形者也，凡二文。

　　象形字正例一，變例九，凡二百六十四文。

文字蒙求卷二

指 事

有形者物也，無形者事也。物有形，故可象；事無形，則聖人創意以指之而已。夫既創意，不幾近於會意乎？然會意者，會合數字以成一字之意也。指事或兩體，或三體，皆不成字。即其中有成字者，而仍有不成字者介乎其間以爲之主，斯爲指事也。《說文》曰“視而可識”，則近於象形；曰“察而見意”，則近於會意。然即此二語深究之，即知其所以别矣。南唐徐楚金，宋初徐鼎臣，爲傳述《說文》之祖，皆不知指事。近世段茂堂知之，而又不盡言，是不可不區别也。

一　一　丯（yī）　二　二　丯（èr）　三　三　丯（sān）
一象太極，二象兩儀，三象三才，故數成於三。而一、二、三同體，至四則變。數即事也。其字不合他字而成，是指事也。
【按】太極，太是初始、無上的意思，極有極限、標準之義。

兩儀,即陰、陽。三才,天、地、人。

五 Ⓧ ✕ (wǔ) 以✕爲正。《河圖》五數居中,《洪範》五爲皇極,故其字象交午之狀,四通八達之意也。小篆作Ⓧ,其意便不見。

八 八 (bā) 別也。字象分別相背之狀。

九 九 (jiǔ) 陽之變也。象其屈曲究盡之形。

【按】古人以奇數爲陽數,偶數爲陰數。朱駿聲《説文通訓定聲》:"古人造字以紀數,起於一,極於九,皆指事也。二、三、四爲積畫,餘皆變化其體。"

上 ⊥ 二 ⊥ (shàng) **下** ⊤ 二 下 (xià) 小物在大物之上,故爲上;小物在大物之下,故爲下。其小物高而狹者,則以"丨"象之;卑而廣者,則以"一"象之。故上二丁二皆合,不可如段茂堂以二二易上丁也。小篆合兩爲一,又曲筆以作姿,隸書沿之。《周禮》疏"人在一上爲上,人在一下爲下",以ㄣ、ㄣ爲人,誣也。帝、旁、示、辛、辰皆從二,臧之古文臧從上;雨從二,捧從丁,芐從下。

【按】上、下,古文作二、二,以短畫在長畫的上下表示位置的上下。"丨"在構形中後加,以增強其表意特徵。雨,音zhèn,登也。言自下而登上。捧,音bài,"拜"之異體。芐,音hù,即地黃。又音xià,蒲席。

丨^①（gǔn）下上通也。引而上行讀若囟，引而下行讀若
退。《唐韻》古本切，与此二音皆不合。

【按】"引而上行讀若囟，引而下行讀若退"，謂"丨"字上
行曰進，下行曰退，可上可下，即下上通。

中 中（zhōng）以口象四方，以"丨"界其中央。若以爲
"口舌"之"口"或羽飛切之"口"、古本切之"丨"，則不可
通矣。

【按】中，古文作 、 、 ，象旗斿之形。豎筆象旗杆，中間
象幅面，上、下象垂斿隨風飄動。《説文》"内也"，是從經
典文獻用例和小篆字形分析其義。

丶^②（zhǔ）知庾切。有所絶止，丶而識之也。

丙 丙 丙（tiàn）他念切。舌皃也。"一"象脣，口象
舌，仌象舌上之理。舌出脣外，是弄舌也，故爲指事。《孟
子》："以言餂之。"《説文》無"餂"字。《玉篇》在後增俗
字中，以爲古"甜"字。《廣韻》不收，《集韻》《韻會》始收
之，注曰："鉤取也。"恐"餂"即"丙"之俗字。

【按】丙，古文作 、 ，象簟席之形。《説文》："一曰竹上
皮。讀若沾。一曰讀若誓。彌字從此。"古文字學者認爲
其是"簟"的本字，本義是席，與《説文》觀點和古文字形
正相呼應。

———————————

①② 篆、楷字形相同，底本袛存一體。

丩 ᖾ（jiū）居虯切。相糾纏也。

爪 爪（zhǎo）側絞切。俗作"抓"。丮也。經典借爲
"叉"。

【按】爪，白讀音作 zhuǎ。

丮 罕（jǐ）音戟。持也，象手有所丮據也。執、埶、巩、
瘋、埶皆从之。

行 徔（xíng）"行"与"步"同意。"步"字既會意矣，
"行"字不得不指事。上兩筆，股也；次兩筆，脛也；下兩筆，
足也。三者皆動，是行象也，知非从彳亍以會意者。行，常
事也；彳亍，偶事也，故知彳亍分行字以會意也。

【按】行，古文作徔、冸、冹，象四通的道路之形，本義指道
路。小篆形體爲古文字形譌變，發展出表示股、脛、足之義。

夂 夂（zhǐ）陟侈切，音黹。從後至也，象人兩脛後有致
之者。

夊 夊（suī）楚危切。行遲曳夊夊，象人兩脛有所躧也。

【按】"行遲曳夊夊"，行走緩慢的樣子。"象人兩脛有所躧
也"，象人的小腿有所拖拽的樣子。躧，鞋不跟腳的樣子，
同"屣"。

克 亨（kè）仔肩也。

【按】仔，音 zī，克也，本義爲肩任。仔肩，擔負責任。

予 㣺（yǔ）推予也，象相予之形。

鬥 鬥（dòu）都豆切。《説文》此部承丮部之後，不曰"从丮厡"，而曰"兩士相對，兵杖在後，象鬥之形"，知爲指事之純體。鬭、鬨之類从之。

【按】鬥，古文作鬥、鬥，象兩人搏鬥之形。鬭，音dòu，是"鬥"加聲符的分化字。鬨，音hòng，爭鬥義。《孟子·梁惠王下》："鄒與魯鬨，穆公問曰：吾有司死者三十三人，而民莫之死也。"

丏 丏（miǎn）彌兗切。不見也，象壅蔽之形。眄、麪、寙、沔从之。

【按】兗，音yǎn，有地名兗州，在我國山東省。眄，音miǎn，斜視也。麪，音miàn，麥子磨成的粉，同"麵"。寙，音miàn，吻合也。沔，音miǎn，水名，在陝西沔縣，是漢水的上流。

疒 疒（nè/chuáng）女戹切。倚也。人有疾病，象倚著之形。又音牀。壯、將之類从爿聲者，即从此字也。

【按】疒，古文作疒、疒、疒，象病人躺在牀上之形。後形體變化，人形與牀的一豎合併。本義指疾病。"疒"與"牀"的字形相近，但屬於不同的字。戹，音è，同"厄"。

乃 乃（nǎi）曳詞之難也。委曲以象其難。

【按】"曳詞之難"，難以表達的不順暢的語詞。"委曲以象其難"，乙，字形委曲彎轉象它難説的樣子。

卜 卜卜（bǔ）象灸龜之形。一曰象龜兆之縱橫也。

【按】灸龜，灼燒龜甲。"卜"字正象灼燒龜甲時，表面裂開的紋路，古人據此以占卜吉凶。

爻 爻（yáo）交也。象《易》六爻頭交也。

【按】頭交，徐灝《説文解字注箋》："疑當作相交。"

文 文（wén）錯畫也。象交文。

【按】錯畫，交錯的圖畫。交文，交互的花紋。

乚 乚（yǐn）於謹切。匿也，象迟曲隱蔽形。

【按】乚，"隱"的古文。迟，音 qì，曲行也。

厶 厶（sī）息夷切。姦衺也。韓非曰："倉頡作字，自營爲厶。"案：營者，環也，謂其字曲如環。經典借"私"爲"厶"。

【按】厶，古文作▽、△，象自環之形。衺，今作"邪"。

凶 凶（xiōng）惡也。象地穿交陷其中也。

【按】凶字象交叉着腿陷入凵中，以示險惡。"凵"爲"坎"的初文。

入 入（rù）内也。象從上俱下也。

【按】"從上俱下"，猶由外而内，故曰入。

出 屮（chū）進也。象草木益滋，上出達也。

【按】出，古文作屮、屮，象一隻腳從坎穴中跨出之形，會由内而外之意，與"入"的構意相反。《說文》誤以屮爲屮，象草木，王筠從之。

乙 乁（yǐ）象春艸木冤屈而出，陰气尚强，其出乙乙也。

【按】春日陰氣尚且强盛，草木屈曲生長，"乙"正象草木難出的樣子。或謂"乙"象魚腸、魚鰓骨，不足信。

丵 丵（zhuó）士角切。音浞。叢生艸也，象丵嶽相並出也。

【按】丵嶽，疊韻字，吳語不經見者謂丵嶽。不經見，即不常見。

乇 乇（zhé）陟格切。艸葉也。一，地也。上垂穗，下有根。

烝 烝（chuí）艸木花葉烝，此下垂字也。垂，古邊陲字也。

卤 卤（tiáo）音調。象艸木實垂卤卤然。

【按】卤，古文作卤、卤、卤，爲"卣"字的初文。卣，商周時一種常見的酒器。

齊 齊（qí）象禾麥吐穗上平也。

耑 耑（duān）多官切。物初生之題也。上象生形，下象其根也。

【按】題,額頭。耑本義爲開端、發端,後借用端直、端正義的"端"來表示,於是"端"行而"耑"廢。

弱 弜(ruò)橈也。上象橈曲,"彡"象毛氂橈弱也。弱物并,故从二弓。

【按】橈,音 náo,曲木也。引申爲凡彎曲之稱。毛氂(máo),獸毛。

丽 丽(lì)古"麗"字。《禮》麗皮納聘,兩鹿皮也。字象兩相麗之狀,故爲指事。

【按】《說文》"麗"字古文作丽。麗皮,蓋兩張鹿皮,古代聘禮的一種。兩相麗,即成對之狀,今作"儷"。

飛 飛(fēi)此直刺上飛之狀。頸上之翁開張,兩羽奮揚。

西 㢴 卤 卤(xī)古"栖"字。象鳥在巢上形。

【按】西爲"栖息"之"栖"的本字,象鳥在巢上,假借表示方位"西"。

冓 冓(gòu)古候切。交積材也。象對交之形。

【按】交積材,架積木材。"冓"分化出"構"後,逐漸退出歷史舞台。

亼 亼(jí)音集。三合也。

【按】三合,指亼象三個相同筆畫相合之形,以會集合之意。

囗 囗（wéi）羽非切。回也，象回帀之形。

【按】帀，音 zā，同"匝"，環繞。

冂 冂（jiōng）古"坰"字，亦作"冋"。古熒切。遠界也。案：國必四界，祇畫三面者，与"囗"相避也。故"冋"字從囗以象國形，外又作界也。

囧 囧（jiǒng）俱永切。窗牖麗廔闓明。

【按】窗牖（yǒu），窗户。麗廔，牆壁窗户的疏孔。闓明，開闊明朗。

录 录（lù）盧谷切。刻木录录也。

【按】"刻木录录"，雕刻木材麗廔嵌空的樣子。

毌 毌（guàn）古丸切。穿物持之也。"囗"象寶貨，"一"象穿之也。

开 开（jiān）古賢切。平也。

宁 宁（zhù）辨積物也。案：此古"貯"字也。衆物積貯一室，則所餘之地不能作正方正圓形，故此字皆陬隅之形。

【按】辨積物，辨別積累儲藏物品。陬隅，音 zōu yú，偏遠角落。

乚 乚（jué）居月切。鉤識也，從反亅。案：鉤識直似今之句股，則從反亅者，直以字形而言，其義則不相涉也。

有所識而鉤之，乃是純體指事。《東方朔傳》:"止輒乙其
處。" ㇇、乚之形相似，得毋《漢書》本作"乚"乎?

丿 ㇒（bì/piě/yǎo）房密、匹蔑、於小三切。右戾也，象
左引之形。

【按】右戾，向右彎曲。

乀 乛（fú）音弗。左戾也。

【按】左戾，向左彎曲。

厂 ㇏（yì）古"抴"字。象抴引之形。

【按】抴，音yè，牽引，後作"曳"。

乁 乀（yí）音移。流也。案:流者，器之嘴也。而《説文》
不曰"象形"而曰"从反厂"，恐是古"捈"字，亦抴引之形也。

【按】捈，音tú，横引。

永 㲽（yǒng）長也，象水巠理之長。

【按】巠，水脈。理，水紋。"永"由水流長引申指凡事物之長。

冬 冬（zhōng）古"終"字。

【按】《廣韻》云:終，極也，窮也，竟也。含義由"冬"（四
時盡也）引申而來。

叕 叕（zhuó）陟劣切。綴連也。此互相牽連之狀。

午 午（wǔ）啎也。五月，陰啎逆陽，冒地而出。

【按】牾，背逆，抵觸。有學者認爲“午”本義是舂米的棒槌，分化出“杵”字，假借作地支名。

　　右純體指事字，凡六十二文。○許君說解，每曰象形，避不成詞也。但詳其字義，是事非物，即知其非象形矣。

霝 靁（líng）郎丁切。雨零也。从雨，皿象零形。
【按】零，音 luò，雨落也。

旁 㫄（páng）旁溥也，即旁薄也。从二，古“上”字。从方，凡以象其旁薄之狀也。凡指事，而獨體不足以見意，故加“上、方”二字以定之。見其自上而下以及四方，無不到也，故爲以會意定指事，下放此。
【按】旁薄，亦作“旁礴、磅礴”，廣大無邊義。

畫 畫（huà）界也。田有界，聿以畫之。囗象所畫之界。聿者，筆也。

畺 畺（jiāng）古“疆”字。从畕。三，其界限也。
【按】畕，音 jiāng，兩田相比鄰，爲“畺”的初文。

孕 孕（yùn）裹子也。从子，𠃊包乎子之外，裹之之意也。𠃊非乃，非短羽之几。

𤔔 𤿤（bǎo）古“保”字，又作“倸”。从子，“八”象抱子之形。

曰 ㈆ （yuē）从口，"㇄"象口气出也。

叉 ㇇ （chā）初牙切。手指相錯也。从又，象叉之形。

只 ㄇ （zhī）語已詞也。从口，象气下引之形。
【按】語已詞，句末語氣詞。本與表"單隻"的"隻"不同，漢字簡化後共用同一字形。

欠 ㇟ （qiàn）張口气悟也。象气從人上出之形。案：上半似气字而反之。人之欠，气不循其常也。气在人上者，人之欠大抵昂頭也。

乎 ㇇ （hū）語之餘也。从兮，"丿"象聲上越揚之形。

兮 ㇇ （xī）从丂，"八"象气越于也。案："兮"字"八"在上，試言"兮"則聲上出也。"只"字"八"在下，試言"只"則聲下引也。

曶 ㅁ （hū）呼骨切。出气詞也。从曰，上象气出形。經典借用"忽"。

甘 ㅂ （gān）从口含一，不定爲何物，故以一指之。
【按】甘，甜、美也。口内含一，示其香甜美味。

尹 ㇆ （yǐn）治也。从又、丿，握事者也。許君以"握"釋"又"，以"事"釋"丿"，而"丿、厂"二字皆無"事"意，然則是象手有所料理之狀耳。古文作⿰，則兩手相交，有所事之狀也。

【按】尹，古文作⿰、⿰、⿰，象手有所持握，多以爲以手持筆，會治事之意。後譌變作兩手相對交錯的⿰，爲“君”字所本。

夬 ⿰（guài）分決也。从又，⿰象決形。

【按】夬，古文作⿰、⿰、⿰，李守奎、趙平安等學者認爲是“拉弦射箭時套在拇指上的骨質器物”，即扳指。

示 ⿰（shì）表示之意也。从二，古“上”字。三垂，日、月、星也。

【按】示，古文作⿰、⿰、⿰、⿰，多以爲象神主之形，早期與“主”字同形通用，後分化引申表示天象徵兆。

亯 ⿰（xiǎng）獻也。獻是事，上从高省，下象進孰物形，是指事也。“亨、享、烹”三字，皆即此字。

【按】孰，即“熟”，古今字。《説文解字注》：“據玄應書，則‘亯’者籀文也。小篆作亯，故隸書作‘亨’、作‘享’，小篆之變也。”烹，“亨”的後起本字。

豊 豐（fēng）豆之豐滿者也。从豆，上象滿形。

畐 畐（fú/bī）房六、芳逼二切。滿也。从高省，象高厚之形。《説文》無“偪”字，此即是也。“逼”又“偪”之俗體。

【按】畐，古文作畕、畐、畐，象盛酒的容器。《玉篇》："腸滿謂之畐。"本義都是滿。此時讀 bī。作"幅"的省減字時，讀 fú。西周金文有用畐爲福的例子，或取其引申義。

干 ￥（gān）犯也。從倒入，從一。"一"非字，祇是有是物焉，而不順理以入之，故從倒入。

【按】干，古文作￥、￥、￥，象有羽毛修飾的盾牌形，本義爲盾，引申有捍衛義。傳世文獻和出土文獻中皆有用例。

羊 ￥（rěn）音飪。撵也。撵，刺也。從倒入，從二。"二"亦非字。"二"視"一"爲厚，故"羊"甚於"干"也。

【按】撵，音 zhì。

屰 ￥（nì）魚戟切。從干，"凵"則逆之之狀也。干者不順理，受者不甘，故屰之。"凵"亦非字，祇是互相牾逆之狀耳。此順逆之正字，"逆"之本義則迎也。

【按】屰，古文作￥、￥、￥，象倒立的人形，會不順之意。

夾 夾（shǎn）失冉切。盜竊褱物也。從亦，有所持。亦，古"掖"字。

𢇍 𢆉（jué）古"絶"字。象不連體絶二絲。

【按】𢇍，古文作𢆉、𢆉、𢇍，象以刀斷絲之形，後來"刀"字形體變化，成爲截斷絲的兩條橫綫。絶，斷也。

襾（yà）呼訝切。覆也。从冂，上下覆之。

㡀（bì）毗祭切。敗衣也。从巾，象衣敗之形。

【按】敗衣，破舊的衣裳。

牟（móu）牛鳴也。象气自口出。

【按】牟，一音 mù，作地名，中牟。

芈（mǐ）亡婢切。羊鳴也。与“牟”同意。

豖（chù）丑六切。豕絆足，行豖豖。从豕，繫二足。

【按】豖豖，行走不便的樣子。有學者認爲，豖的本義爲閹割，例如“椓”字從之，有敲擊、宫刑義。

𫘤（huán）弦、環二音。馬一歲也。从馬，“一”絆其足。

馵（zhù）音注。馬後左足白也。从馬，“二”記其後足。

馽（zhí）古“縶”字。絆馬也。从馬，○其足。

秀（xiù）从禾。象穗之下垂也。

【按】秀，古文作、，象禾下有根之形，會茂盛之意。

朶（duǒ）丁果切。樹木垂朶朶也，与“秀”同意。

【按】朶，即今“朵”字。

𠂔（zǐ）即里切。止也。从𣎵盛而以“一”止之也。

【按】𣎵，草木茂盛的樣子。

四 四 𠀖（sì）數成於三，至四則變。變則分別矣，故从八。八，別也。八而有包之者，包之則併，併八爲四。⊟、⊡皆非字，故爲指事也。

【按】四，古文作三、三、𠄯，以四短畫爲主，表示計數四。可能是要區別一、二、三，古人有意變化四的形體作四圍之形，非謂從"八"構意。

七 𠀁（qī）陽之正也。从一，微陰從中衺出也。

【按】七，古文作十、十、𠤎，橫豎交叉表切斷之義，"切"的初文。因形體與"十"字的古文相近，小篆變作𠀁。

未 𣎳（wèi）味也，六月滋味也。五行木老於未，象木之重枝葉也。

【按】未，古文作𣎳、𣎵、𣎳，上部重枝疊葉以示繁茂。古時六月，即今天公曆的七月，正值草木繁茂的時節。老於未，即成熟於未。

兆 𪔎 𪓑（zhào）灼龜坼也。从卜，𪔂象形。古文𪔂與小篆同。𠃊葢灼龜之狀，是全體指事字。

【按】坼，音 chè，裂开。兆的本義是灼燒龜甲裂開的紋理，引申指徵兆。

　　右以會意定指事者，凡四十文。　○不入會意兼指事者，彼以意爲主而以事成之，此以事爲主而以意成之。

嚚 嚚（niè）与从山之"嵒"不同，讀若囂。多言也。品从三"口"，即有多言之意。從而連之，則紛紜糾結矣。謀夫孔多，發言盈庭也。

【按】嵒，音 yán，同"岩"，山岩。

右即意即事者也，一文。

牽 牽（qiān）从牛，从叀之古文"玄"，意兼聲。"冂"象引牛之縻也。

【按】叀，音 zhuān，紡錘也，今字作"專"。冂，此處取其形體象牽引牛的繮繩。縻，音 mí，牛繮繩。

宋 宋（pō）普活切。艸木盛宋宋然。象形。八聲。

【按】宋宋者，枝葉茂盛因風舒散的樣子。

右兼意兼聲兼形者也，凡二文。

禾 禾（jī/ài）音義同"稽"。又音礙。木曲頭，止不能上也。字从木而曲其頭。

【按】禾，本義是樹梢因受阻礙彎曲不能上長。

矢 矢（zè）音仄。傾頭也。从大而頭偏於左。

夭 夭（yāo）屈也。从大而頭偏於右。案：矢謂之傾，謂其頭忽左忽右也。夭謂之屈，謂其頭忽低忽昂也。字形相避，故左右作之，勿泥。

【按】夭，古文作 ❄、❄，象人彎曲兩臂的樣子，本義爲彎曲，引申指折斷、短命等義。

交 ❄（jiāo）交脛也。从大而交其足。

【按】交脛，兩腿交叉。

允 ❄ ❄（wāng）隸作"尢"。烏光切。跛也。从大而曲一足。

【按】允，金文作 ❄，象人的一條腿彎曲形，表示跛足義。

右即所从之意而少增之以指事者，凡五文。○不入增文會意者，此意盡於形，彼意餘於形也。惟"ㄑ"字與此近。然"彳"本會意字，从而增之，故亦爲會意。

凵 凵（kǎn）口犯切。張口也。人之張口，下脣獨侈。省其上脣以見意。

右省象形字以指事者，一文。○不入省文會意者，此一望而知，彼須委曲說之也。

刃 ❄（rèn）刀以刃爲用，刃不能離刀以爲體。❄ 字有柄有脊有刃矣，故"刃"字以點指其所，謂刃在是而已。"丶"既不象刃形，故爲指事也。下放此。

本 ❄（běn） 末 ❄（mò） 朱 ❄（zhū）本者，木之根也。末者，木之杪也。朱者，木之心也。皆有形而形不可象，故以“一”記其處，謂在上、在下、在中而已。

【按】杪，音 miǎo，樹枝的細梢。

面 圙（miàn）從百，“百”同“首”。“首”爲全形，“面”爲前半之形。何以於“百”之外更有所加？非加也，囗以區之，謂分其前半以爲“面”也。

尺 尺（chǐ）從尸，從乙，乙所識也。自肘至擘爲尺脈，尺、寸二脈相去甚近，故寸字向左，尺字向右。“一”与“乙”皆所以識，法自同也。

【按】識，標識。擘，同“腕”。從肘到腕爲一尺。

寸 彐（cùn）從又，手也。擘下一寸爲寸口，故以“一”指之。

亦 夨（yì）古“掖”字。掖在臂下，故以“大”爲人形，而點記其兩臂之下。

【按】亦，當是古“腋”字，本義指腋下。

卒 夲（zú）隸人給事者衣爲卒。卒，衣有題識者。案：丿亦不成爲題識，但以丿記之而已。

【按】“隸人給事者衣”，古代給隸役供給差事的人穿的一種衣服。裘錫圭以衣服製作完成爲卒，可作參考。

　　右形不可象變而爲指事者，凡九文。

采 米（biàn）音義同"辨"。象獸指爪分別。

【按】采，古文作 ，正象獸足之形。

大 大（dà）大小是其本義，而難爲象也。天大地大人亦大，故借人形以指之。 字臂与脛相屬，"大"則兩臂恢張，故爲大也。

久 （jiǔ）從後灸之，象人兩脛後有距也。案：灸者，拄也，非鍼灸之謂。

【按】久象人脛加艾草針灸之形，爲"灸"字的初文，本義爲針灸。鍼，音 zhēn，同"針"。

勹 （bāo）今作"包"。布交切。象人曲形，有所包裹。

亣 （dà）籀文"大"。形雖小變，意仍不異。而从之者如奕、奘、奚、奐，隸皆从大。

亞 （yà）醜也。象人局背之形。案：醜是事，而無以表之，則借局背之形以表之。賈逵以爲"次弟"也，則經典皆此義，而其意不能於字形中得之。

不 （fǒu）至 （zhì）不者，否也；至者，到也，皆借鳥形以指之。"不"之"一"象天，謂鳥上翔不下也；"至"之"一"象地，謂鳥下至於地也。而"不、至"二字，實不謂鳥，故知其爲借也。

【按】不，古文作 ，近代學者以爲是"茉"或"柎"的初文，含義皆與花朵相關，假借作否定副詞"否"。今音bù。至的古文作 ，王筠以爲象鳥飛至地面形，遵從許說。今人多以爲象箭矢從上至地之形，本義是來到。

右借象形爲指事者，凡八文。

高 高（gāo）高不可指也。借臺觀崇高之形以指之，京、𦔮皆从 ，此高形也。冂，古"坰"字，界也。高者必大，有坰界也。口与倉、舍同意，皆象築也。

【按】𦔮，即"郭"，城郭。

右亦借象形爲指事而兼意者，一文。

指事字正例一，變例八，凡一百二十九文。

文字蒙求卷三

以下二卷列字不能類聚,皆依《説文》本次

會　意

合數字以成一字,其意相附屬,而於形、事、聲皆無所兼者,爲正例;餘皆變例。

天 禾（tiān）至高無上,从一、大。○此兩字順遞爲意者也,不可云从大、一,亦不可云从一从大也。下放此。

【按】天,顛也。顛,頂也。古者天字,形無所象,事無可指,借表頭頂義的"天"引而申之,會天空之意。

祭 祭（jì）又,手也。示,古"衹"字。手持肉以享神衹也。

【按】示爲神主,前文明之。祭的含義是以手持肉祭祀神主。

社 社 祑（shè）土示者,土神也。天曰神,地曰示。古文从木,社各樹其土所宜之木也。

【按】當是"天曰神,地曰社"。社神即今天説的土地神。

祟 祟（suì）雖遂切。示而出也,是爲祟矣。

【按】祟,古文作𥚁、𥚃,"示"上的"木"譌變作"出",本是會燃燒木頭於神主前之意,引申表示神禍。

皇 皇（huáng）大君也。从自、王。自者,始也。王者以三皇爲始。

【按】皇,古文作𦥑、𦥓、𦥔、𦥕,象燃燒的火把。白於藍以爲是"煌"的初文,輝煌明亮義。引申有大、天、君王等含義。

熏 𤎭（xūn）中黑。熏之象也。

【按】熏本象火從煙囱上出之形,會煙熏之意。中黑説以小篆字形爲據,不確。

苗 𤰃（miáo）艸生於田者。

公 𠫓（gōng）厶,"公私"之"私"之本字。八,背也,背厶爲公。

半 半（bàn）从八、牛。八,分也。牛物大,故可分半。

吉 吉（jí）善也。从士、口。

【按】吉的構意不明。有學者認爲其象玉圭之形,會"堅實"之意,可備一説。

周 𠱾（zhōu）密也。从用、口。

各 另（gè）異詞也。从口、夂。夂者，行也。彼有行而此以口止之，不相聽也。

【按】各，古文作 𠯑，象腳往某處行走之形，會"來至"之意。表區別詞義是"各"的假借用法。

吠 㕦（fèi）从犬、口。

【按】吠，犬鳴之聲。

走 岙（zǒu）《説文》前目録如此，是也。此所以走部承哭部也。石鼓文趨、奔皆从犬。犬止者，犬足也。犬能疾走。

【按】《釋名》："徐行曰步，疾行曰趨，疾趨曰走。"緩慢行走叫作步，快速行走叫作趨，奔跑叫作走。走的甲骨文作 𠂤、𡿧，正象人甩臂奔跑的樣子。

前 肖（qián）不行而進謂之前。从止在舟上。"前"則由 峀 變之，峀 俗作"剪"，兩刀重複。

【按】"不行而進"，是説該字從止從舟，止在舟上，止不動而舟前行，字當作"肖"。"止"是"足"的意思。"前"本義爲齊斷，分化出"剪"字，重複刀旁。古文中常借"前"表示"肖"，"肖"逐漸被廢棄。

是 昰（shì）直也。从日、正。

【按】《説文解字注》："从日、正會意，天下之物莫正於日也。"

尟 尠（xiǎn）此"鮮少"之"鮮"之本字。从是、少。

後 後（hòu）彳,小步也。幺,小也。夂,行遲曳夂夂也。从彳、幺、夂,是居後也。

【按】"後"的本義是行走遲後,引申表示"前後"之"後"。

衒 衒（xuàn）亦作"街"。行且賣也。从行、言。

【按】"行且賣",邊走邊叫賣,即沿街叫賣之義。

扁 扁（biǎn）署也。从户、册者,署門户之文也。俗作"匾",非。

【按】扁,《説文解字句讀》"題署也",即匾額。

士 士（shì）推一合十爲士。

【按】士,古文作士、士,構意不明。一説爲甲士之形,一説爲斧鉞之形。古籍中常用作男子的美稱。

古 古（gǔ）十口所傳,是前言也。

丈 丈（zhàng）十尺也。从又持十。

意 意（yì）於力切。快也。言必有中,故快。

【按】林義光《文源》:"從言,口以示言中意,當與意同字。"言是直言義,意是話語之中的意思。王筠的解釋源自《説文》一脈。

信 信（xìn）从人、言。

【按】《説文解字注》釋"信"曰:"誠也。《釋詁》:誠,信也。"

同意互訓，"信"講人言而有信。

詧 𧮫 （yáo）古"謠"字。徒歌也。从言、肉者，無絲竹
也。《世説》："絲不如竹，竹不如肉。"
【按】"絲不如竹，竹不如肉"，語出陶淵明《晉故征西大將
軍長史孟府君傳》，後收録在《世説新語·識鑒》。"絲"指
弦樂，"竹"指管樂，"肉"指人的聲樂。

音 𩐳 （yīn）从言，含一。
【按】音，《説文》："聲也。生於心，有節於外謂之音。"《禮
記·樂記》："聲成文謂之音。"聲指自然發出的聲音，音指有
節奏韻律的聲音。音字從言取形，"一"以別義，"一"無義。

章 𪨊 （zhāng）樂竟爲一章。从音、十。十，數之竟也。
【按】章，古文作𡔷、𡖶，象從辛、從日，有學者以爲"璋"的初
文，取"辛"以切合玉之形。

䇂 𨐌 （qiān）同"愆"。从干、二，言犯上也。
【按】二，古文"上"字。䇂的甲骨文作𨐌、𨐋，象某種刀具。
裘錫圭認爲其可能是"乂"的初文，本義是鐮。

妾 𡜾 （qiè）从女、辛。女之有罪者曰妾。

弄 𢌳 （nòng）玩也。从廾持玉。廾，古"拱"字。

戒 𢦛 （jiè）从廾持戈。

【按】《説文》釋“戒”曰“警也”，釋“警”曰“戒也”。手持兵戈以示警戒。

兵 屚（bīng）从廾持斤。

【按】兵，《説文》釋爲“械也”。兵的本義是兵器，從手持斤（兵器的一種）會意，後引申爲士兵。

共 芮（gòng）同也。从廿、廾。古文𢸅，則會意兼指事，四手相交也。

㪻 㪻（biān）古“鞭”字。从𠃋、攴。𠃋猶集也。攴，擊也。

孚 孚（fū）卵孚也。从爪、子。謂以爪反覆其卵也。

㦹 㦹（huà）音踝。擊踝也。从刊、戈。

【按】林義光《文源》認爲㦹“當即伐之或體，象兩手持戈”。其古文作�、�，象人雙手持戈。擊踝，攻擊腳踝。㦹，《廣韻》胡瓦切。

㕞 㕞（shuā）所劣切。拭也。从又持巾在尸下，与“刷”通用。

𣴎[1] 𣴎（mò）音沬。入水有所取也。从又在冋下。冋，淵也。𤣥、歾、頯、沒从之。

---

① 大徐本《説文》隸作“𣳚”。

【按】《玉篇》認爲"冔"是"沒"的古字,本義爲沉沒。

取 **�取**（qǔ）从又、耳。《周禮》:"獲者取左耳。"

彗 **彗**（huì）祥歲切。埽竹也。从又持羋①。羋,古"丰"字。彗縛多竹爲之也。

史 **㕜**（shǐ）記事者也。从又持中。中,正也。

聿 **㕡**（niè）尼輒切。手之聿巧也。从又持巾。

【按】聿巧,敏捷靈巧。

敗 **敗**（bài）从攴、貝。

【按】敗,以手持工具敲擊貝(古代貨幣)形,會損壞意。

畋 **畋**（tián）待年切。平田也。从攴、田。

【按】平田,即平治耕田。畋的古文作，象以手持器械在田野中打獵,本義當爲畋獵。

牧 **牧**（mù）从攴、牛。

【按】牧,《説文》:"養牛人也。"段玉裁注曰:"引伸爲牧民之牧。"

卟 **卟**（jī）音稽。卜以問疑也。从口、卜。

【按】"卜以問疑",用占卜來解決疑問。

----

① 大徐本《説文》作"牲",疑爲一字。

占 占（zhān/zhàn）从卜、口。
【按】占，《説文》：“視兆問也。”即卜問。

用 用（yòng）从卜、中。卜之而中，乃可用也。

夐 夐（xiòng）朽正切。營求也。从夏，人在穴上。
【按】營求，圍成一圈而求之也。夏，音xuè，使眼色。

奱 奱（quán）况晚切。大視也。从大、夏。
【按】奱，一音xì。大視猶雄視。

窅 窅（yǎo）烏皎切。深目也。从穴，中目。
【按】深目，眼睛深陷的樣子。引申爲凹下，幽深。

瞲 瞲（yuē）於悦切。音砉。目深皃。从目、窅。

看 看（kàn）从手，下目。亦作“翰”。
【按】看，《説文》：“睎也。”即以目視物。“翰”爲“看”的古文字形。一音kān，監視守護義。

䀹 䀹（wò）烏括切。掐目也。从叉、目。
【按】掐，音wò，挖掏也。掐目即挖眼。

鼻 鼻（bí）引气自畀也。
【按】畀，音bì，給予。

隻 隻（zhī）又持一隹爲隻。

【按】又，即古文"手"也。"隻"字構形以手持一鳥，會單隻意。

雀 䧿（què）从小、隹。
【按】雀，《説文》："依人小鳥也。"

罩 䍜（zhào）都教切①。覆鳥令不得飛走也。从网、隹。
【按】《説文》网部有"罩"，"捕魚器也"。罩、罩功用相似，引申指凡網罩義。"罩"通行而"罩"廢棄。

奞 䧺（suī/xùn）音睢，又音迅。鳥張毛羽自奮奞也。从大、隹。奮奞即奮迅。
【按】迅，疾也。奞象鳥兒張開翅膀奮力上飛之形。

奪 奪（duó）从又、奞。手持隹失之也。此爲脱失之正字。脱，消肉臞也。"敚"乃攘奪之正字。
【按】臞，音 qú，瘦。《説文》釋曰"少肉也"。

奮 奮（fèn）翬也。从奞在田上。
【按】翬，音 huī，《説文》"大飛也"，即快速飛行。

蒦 蒦（wò）乙虢切。古"矆"字。从又持萑，萑善度人禍福也。
【按】萑，音 huán，古文作 𦫳、𦫳，象有頭飾的鳥。《説文》曰"鴟屬"，即貓頭鷹一類的鳥，古人認爲"所鳴，其民

---

① 大徐本《説文》作"都校切"，反切出的讀音相同。

有禍”。萑、掇古今字,造字方式一會意,一形聲。萑,
今音常從《集韻》“胡陌切”,讀作 huò。

乖 𠔏（guāi）古懷切。戾也。从𠂤而𠔅^①。𠔅,古“別”字。
【按】戾的本義爲彎曲,引申指乖張、違背。

美 羙（měi）从羊、大。
【按】美,古文作𦍌,象人頭上有羽飾,古人以此爲美。小
篆字形理據重構,以羊、大會意甘美。

羌 羌（qiāng）西戎牧羊人也。

羼 羼（chàn）初限切。羊相廁也。从三羊在尸下。尸,
屋也。
【按】廁,間雜,置身。《説文解字敍》:“分別部居,不相雜廁。”

瞿 瞿（jué）九縛切。隹欲逸走,以又持之瞿瞿也。
【按】瞿瞿,左右驚視的樣子,引申指精神瞿鑠。

雙 雙（shuāng）又持二隹。

集 集（jí）群隹在木上。

鳴 鳴（míng）从鳥、口。
【按】鳴,《説文解字注》:“鳥聲也。引伸之凡出聲皆曰鳴。”

---

① 大徐本《説文》作“兆”,皆小篆隸定字形。

糞 糞（fèn）以廾推華弃采也。采即"菌"字。

【按】廾，音 gǒng，即兩手。華，音 bān，簸箕的一種。采，音 biàn，動物指爪之形，假借表示糞便。"以廾推華弃采"，即用手推簸箕除去糞便。糞的古文作 𥝋，象手持簸箕推除穢物。小篆將古文上部形體變化爲采，假借表示菌，進行了理據重構。菌，即"屎"字。

惠 惠（huì）从心、叀。爲惠者心專也。

【按】叀，音 zhuān，本義是紡錘，引申指小謹、專一義。

敖 敖（áo）出游也。从出、放。

敫 敫（yuè）音龠。光景流也。从放、白。

【按】光景流，即光影流動閃耀。

骨 骨（gǔ）肉之覈也。从冎有肉。

【按】覈，音 hé，《説文》"实也"，朱駿聲曰："凡物包覆其外，堅實其中曰覈。"今常用"核"字。

肰 肰（rán）音然。犬肉也。

初 初（chū）始也。从刀、衣。裁衣之始也。

删 删（shān）剟也。从刀、册。册，書也。

【按】剟，音 duō，删削。

劒 劼（jié）古屑切。治魚也。

罰 罰（fá）持刀詈罵則應罰。

【按】罰，段玉裁注曰："罰爲犯法之小者，刑爲罰辠之重者。"

聏 聏（èr）仍吏切。斷耳也。

劓 劓（yì）魚器切。刖鼻也。亦作"劓"。

【按】刖，音 yuè，本義爲斷足，引申指切斷、斷絕。

耒 耒（lěi）盧對切。从木推丰。

【按】耒，古文作 ，象曲柄有雙叉的耕具。《説文解字注》："耕曲木也。"由象形演變爲從木推丰的會意，是漢字構形中的理據重構現象。

觲 觲（xīng）息營切。用角低昂便也。从羊、牛、角。楷作"觲"。

【按】"用角低昂便"，義爲獸之舉角高低馴服。

解 解（jiě）从刀、牛、角。

【按】解，《説文》："判也。"判即分。解的本義爲分解。

典 典（diǎn）册在丌上，尊閣之也。

甛 甛（tián）美也。舌知甘者。

【按】甛，今楷書作"甜"。

猒 猒（yàn）古“饜”字。从甘、肰。

【按】猒，古文作𤲃，從犬口食肉會意飽足。

甚 是（shèn）从甘、匹。匹，耦也。

【按】甚，《説文》：“尤安樂也。”引申指凡特殊、尤其皆叫作甚。

梪 梪（dòu）徒候切。木豆謂之梪。

【按】豆爲古代的食肉器皿。木頭做的叫作“梪”，竹做的叫作“籩”，瓦做的叫作“登”。

虐 虐（nüè）虎足反爪人也。

【按】虐，古文作𧇾、𧇜，如虎抓人欲食，會殘暴意。

彪 彪（biāo）甫州切。虎文也。从虎、彡。

虤 虤（xuàn）胡畎切。分別也。从虎對争貝。唐《李勣碑》作“虤”。

盈 盈（wēn）烏渾切。仁也，以皿食囚也。

【按】食，音 sì，餧養。

青 青（qīng）東方色也。木生火。从生、丹。

【按】青，古文作𡆧、𡇦，象草生井上。《釋名》曰：“青，生也，象物生時色也。”本義指草木初生的顔色，引申指東方的顔色。

飤 飤（sì）古“飼”字。从人、食。

飧 飧（sūn）夕食也。

【按】飧,《說文》:"餔也。"即申時吃的飯食,引申指晚飯。

湌 湌（cān）同"餐"。水沃飯也,故从水、食。

【按】水沃飯,即泡飯。古時"餐"字名動同源,既指吃的飯,又指吞食。

合 合（hé）亼口也。

【按】亼口,閉口。合的本義爲閉合、合攏。

岑 岑（cén）鉏箴切。入山之深也。

【按】鉏,音 chú,翻土除草的工具,引申指誅滅、剗除。唐蘭釋岑爲户,本義爲高山狀,可作參考。

糴 糴（dí）徒歷切。市穀也,从入、糴。

臺 臺（chún）常倫切。熟也。从亯、羊。犉、啍、諄、孰、鶉、焞、惇、醇皆从之,而變爲"享"。"享"即"亯"之變文,是弟存一半也。

啚 啚（bǐ）此"鄙吝"之"鄙"之正字。从口、亩。鄙,邊鄙也。

嗇 嗇（sè）所力切。愛濇也。从來、亩。來者亩而藏之。

【按】愛濇,貪愛吝嗇,多入而少出。亩,音 lǐn,後作"廩",藏米室。

夌 夌（líng）越也。从夊、坴。坴，高也。此陵躐之正字。經用“陵”，今用“凌”。“陵遲”本作“夌徲”。

【按】越，超越。陵躐，超越等級。

𡴥 𡴥（kūn）此“昆弟”之“昆”之正字。从弟、㽁。㽁，及也，從兄之義。《爾雅》作“晜”，蓋譌。

【按】㽁，音 dà，本義爲目相及，引申有跟從義。

乘 乘（chéng）覆也。从入、桀。桀，黠也。

【按】乘，古文作 夅、乘，象人跨登在樹木上的形狀，表示登升義。覆者，加其上也，表示人在木上。黠，《方言》“慧也”，聰明狡猾。乘，一音 shèng，古代計量物品以四爲乘。

采 采（cǎi）捋取也。从爪、木。

休 休（xiū）息止也。从人依木。

桑 桑（sāng）叒木即若木。

【按】桑，《說文》：“蠶所食葉木。”叒木，日初出東方湯谷所登榑桑。湯谷即暘谷，古代傳說日出之處。榑桑即扶桑，海外的大桑樹，傳說太陽從這裏升起。

曅 曅（yè）筠輒切。艸木白華也。

【按】白華，即白花。曅是草木開白花的樣子。

剌 剌（là）郎達切。戾也。从束、刀。

【按】戾，違背常理。剌，又音 lá，同"拉"，割開、劃開。

因 因（yīn）就也。从囗、大。能大者衆圍就之。

【按】就，成就，此處取動詞義。朱駿聲注曰："囗、大俱非誼。江氏永曰：'象茵褥之形，中象縫綫文理。' 按，即茵之古文。江說是也。"因，甲骨文作因，象人臥在墊席之上，印證朱說。

貨 貨（suǒ）穌果切。貝聲也。从小、貝。

負 負（fù）恃也。从人守貝。

【按】恃，憑藉。

贅 贅（zhuì）之芮切。以物質錢也。敖貝猶放貝，當復取之。

【按】"以物質錢"，即抵押。段玉裁注曰："淮南俗賣子與人作奴婢名爲贅子。"今人有"贅婿"一詞尚且使用。

買 買（mǎi）从网、貝。

【按】買，《說文》："市也。"段玉裁注曰："市者，買物之所。因之買物亦言市。"

郵 郵（yóu）从邑、垂。垂，邊也。

【按】郵，《說文》："境上行書舍。"傳遞文書信件的機關，即今之郵局。

昏 昏（hūn）从日，从氏省。氏，古"低"字。日低則昏。

亦作"昬",形聲字也。

邑 㫰（yǎo）烏皎切。望遠合也。从日、匕。匕，合也。

【按】段玉裁注："合者，望遠則其形不分、其色不分、其小大高下不分是也。與杳字義略相近。"杳，幽遠以至於不見。

㬎 㬎（è）五合切。衆微杪也。从日中視絲。又古"顯"字。

【按】杪，木末梢，引申指微小、微妙。衆微杪，衆明察及微妙之意。㬎，今常音 xiǎn。

暴 暴（pù）古"曝"字。从日、出、廾、米。暴曬之也。

朏 朏（pèi/fěi）普乃、芳尾二切。月未盛之明。从月、出。

外 外（wài）从夕、卜。卜尚平旦也。

【按】平旦，清晨、平明。外，《説文》："遠也。卜尚平旦，今夕卜，於事外矣。"取與"内、裏"相對之義。

貫 貫（guàn）錢貝之貫。从毌、貝。

【按】毌，音 guàn，《説文》"穿物持之也"，即貫穿。"錢貝之貫"，貫穿錢貝，後來指錢串子。

采 采（suì）古"穗"字。从爪、禾。人所收也。

臼 臼（jiù）其九切。舂糗也。从米、臼。

【按】舂糗，搗粉。

舀 **舀**（yǎo）以沼切。抒臼也。从爪、臼。

【按】抒，挹取也。臼，中部下凹的舂米器具。

兇 **兇**（xiōng）許拱切。擾恐也。从人在凶下。

【按】擾恐，驚擾，恐懼不安。

安 **安**（ān）从女在宀下。

【按】安，《說文》：“靜也。”

宂 **宂**（rǒng）而隴切。橵也。从人在宀下。閑散無事也。

【按】橵，《康熙字典》：“橵，通作散。”

宗 **宗**（zōng）从宀、示。天神地祇，壇而不屋。祖宗則宀中之祇也。

寤 **寤**（hū）火滑切。臥驚也。从寢省，从言。

【按】臥驚則覺醒，故“寤”義為覺。

兩 **兩**（liǎng）廿四銖為一兩。从一网平分。

罷 **罷**（bà）遣有罪也。从网、能。言賢能者入网，即貰遣之。

【按】貰，音 shì，寬縱，赦免。罷即免去、解除有罪之人。

詈 **詈**（lì）从网、言。

【按】詈，《說文》：“罵也。”責罵。《史記·魏豹彭越列傳》：“今漢王慢而侮人，罵詈諸侯群臣如罵奴耳。”

帚 茶（zhǒu）从又持巾埽冂内。

【按】冂，音 jiōng，本義爲邊界，引申指城外。帚的古文作
求、霖，象用草繋成掃把，柄在下的樣子，即掃帚。

仰 仰（yǎng）从人、卬。

【按】仰，《説文解字注》：“舉也。與卬音同義近。古卬、仰
多互用。”本義是抬頭，小篆會仰望之意。

佩 佩（pèi）从人、凡、巾。

【按】佩，《説文》：“大帶佩也。”段玉裁注曰：“大帶佩者，謂
佩必系於大帶也。”佩是繫在大帶上的裝飾品，古人有佩
玉的風尚。引申指佩戴。

位 位（wèi）从人、立。古者朝會，君亦不坐。

【按】位，《説文》：“列中庭之左右謂之位。”人立中庭，位表
示其處所。

付 付（fù）从寸持物以与人。

伍 伍（wǔ）从人、五。

【按】伍，《説文》：“相參伍也。”稱“參伍”，段玉裁注曰：“謂
錯綜以求之。”單言“伍”難以解釋，舉稱“參伍”，同類連
用以釋義。五人爲伍，引申指行伍義。

什 什（shí）从人、十。

【按】什，《説文》：“相什保也。”古代的連坐管理體制，段玉

裁注：“五人爲伍，十人爲聯，使之相保相受。”表示十人相保相受。

佰 佰（bǎi）博陌切。从人、百。宿从“夙”之古文“佰”，非此字。

侵 侵（qīn）漸進也。从人又持帚，若埽之進。又，手也。

伐 伐（fá）从人持戈。

【按】伐，《説文》：“擊也。”從人持戈以示攻擊意。

咎 咎（jiù）災也。从人、各。人各者相違也。

【按】各，《説文》釋“異辭也”，即不同之意。咎字從人各相違會意“災禍”，是理據重構。各的甲骨文作🅼，象人的脚朝坎穴走去，表示來至義。從各的字，如客，尚保留了這一本義。

弔 弔（diào）从人持弓。助孝子驅禽也。

仚 仚（xiān）呼堅切。人在山中。

【按】仚，《説文》：“人在山上。”段玉裁注曰：“引伸爲高擧兒。”近人强運開以爲“仚、仙蓋同字也”。

艮 艮（gèn）很也。从匕、目。目相比，不相下也。

【按】段玉裁注：“很者，不聽從也。”目相比，即兩人怒目相視，不相上下，故會意很也。

坙 坙（yín）余箴切。近求也。从爪、壬。壬，徵幸也。

【按】段玉裁注：“近求，浸淫之意也。小徐無近字。《廣韻》曰：‘貪也。’”坙的本義爲貪求，今作“淫”。徵幸，非分的貪求，今常用“僥倖”。

臥 卧（wò）从人、臣。取其伏也。

餒 餒（nè）尼厄切。小兒嬾也。从臥、食。

【按】嬾，《玉篇》：“懶，俗嬾字。”今常用“懶”，“嬾”字廢棄。

製 製（zhì）裁也。从制、衣。

老 老（lǎo）从人、毛、匕。

【按】老，甲骨文作 、，象老人挂著拐杖。金文 中拐杖變化作“匕”，成爲小篆字形發展的直接源頭。

孝 孝（xiào）从老省，从子。子承老也。

居 居（jū）蹲也。从尸、古者，尸，人也，上古未制禮之時，每蹲居也。此“踞”之古字。“居處”之“居”古作“凥”。

䚟 䚟（xiè）許介切。臥息也。尸自者，人鼻也。

【按】臥息，睡時的鼾聲。

屍 屍（tún）古“臀”字。从尸，下丌居几。

【按】下丌，人的下基，即臀部。居几，段玉裁曰“猶言坐於牀”。這句話説，人的屁股坐在牀上。

戾 戾（niǎn）人善切。柔皮也。从又，申尸之後。或作
戾。叛、報从之。報，今作"輾"。

屋 屋（wū）从尸、至。人所至也。

覭 覭（méng/mào）莫紅、亡沃二切。突前也。从冃，
重覆也。犯冃而見，是突前也。亦作"覓"。
【按】冃，音 mǎo，王筠《説文解字句讀》："冂又加一，故曰
重也。竊疑冂、冃蓋同字，古人作之，有繁省耳。雖音有上
去之別，古無此別也。"冃義爲重覆，冃義爲"小兒蠻夷頭
衣也"，即帽子，引申有覆蓋義。突前，抵觸、冒犯。

劗 劗（tuán/zhuǎn）大丸、旨沇二切。截也，从斷、首。亦
作"劗"。

須 須（xū）面毛也。从頁、彡。

縣 縣（xuán）古"懸"字。从系持県。
【按】県，倒置的首（頭）。《説文》："到首也。"到，同"倒"。

髟 髟（biāo/shān）必凋、所銜二切。長髮皃。从長、彡。

令 令（lìng）从亼、卩。
【按】令，《説文》："發號也。徐鍇曰：號令者，集而爲之節
制。"令的意思是發號施令。

卯 🝁 （qīng）去京切。事之制也。从卩、㔾。"卿"字从之。

【按】卯，與表示地支第四位的"卯"區别。甲骨文作🝁、🝁，象兩人相對而坐。羅振玉説："此爲嚮背之嚮字。"李孝定、楊樹達、徐中舒等皆持此觀點。

匊 🝁 （jū）在手曰匊。从勹、米。

勻 🝁 （yún）少也。从勹、二。

【按】段玉裁注："少當作帀，字之誤也。"認爲勻字是周遍義。

旬 🝁 （xún）十日也。从勹、日。

勺 🝁 （bào）薄皓切。覆也。从勹覆人。

魅 🝁 （mèi）古"魅"字。从鬼、彡。彡，鬼毛。

嵒 🝁 （yán）五咸切。山巖也。从山、品。品象巖穴。

【按】嵒的同形字小篆作🝁，音 niè，《説文》："多言也。"

仄 🝁 （zè）从人在厂下。

【按】人在厂下，故側傾。厂，此處音 hǎn，表示"山石之厓巖，人可居"，即山崖邊人可以居住的地方。

厃 🝁 （wěi）魚毁切。仰也。从人在厂上。

【按】厃，《説文》："一曰屋枅也。秦謂之桷，齊謂之厃。"屋枅，即屋檐。

危　危（wēi）在高而懼也。从厃，自卪止之。

嵒　嵒（yán）与“嵒”同。

佱　佱（fǎ）古“法”字。从亼、正。

麀　麀（yōu）鹿之牝者。从牝省。
【按】牝，雌性的鳥或獸，與“牡”相對。

塵　塵（chén）鹿群行土飛揚也。

毚　毚（chán）士咸切。狡兔也。从㲋、兔。

逸　逸（yì）失也。从兔、辵。

冤　冤（yuān）从兔在门下，益屈折也。

娩　娩（fàn）芳萬切。兔子也。
【按】兔子，子不讀輕聲，指小兔。

尨　尨（máng）莫江切。犬之多毛者。从犬、彡。

臭　臭（jú）古闃切。犬視皃。
【按】闃，音 qù，寂静無聲。

猰　猰（tà）他合切。犬食也。
【按】犬食，狗吃東西。

戾（lì）曲也。从犬出户下。

龞（jiāo）音焦。灼龜不兆也。

【按】龞，即“爑”字。“灼龜不兆”，龜燒焦而不顯兆紋。

票（piào）同“熛”。火飛也。从火。囟与䙴同意。䙴，升高也。

灰（huī）从又持火。

【按】灰，《説文》：“死火餘𦬁也。”即火熄滅後的灰燼。

尉（wèi）从𡰥又持火，所以尉申繒也。𡰥，古“夷”字，平也。俗别作“熨”。

威（miè）火死于戌。

【按】威，《説文》：“滅也。”“火死於戌”，段玉裁注曰：“火生於寅，盛於午，死於戌。”

灾（zāi）火焚屋也。

燮（xiè）蘇俠切。大熟也。从又持炎辛。辛者，物熟味也。或曰，此字乃燮之譌，則是會意加聲字。

赤（chì）从大、火。

【按】赤，《説文》：“南方色也。”即紅色。

浾（chēng）同“赬”。棠棗之汁也。从赤、水。

【按】赬,音 chēng,紅色。棠棗之汁皆是紅色,故泟同赬。

黑　𪐗（hēi）从炎上出囪。囪本古“窗”字,此則音聰。烟囪,竈突也。

熒　𤑫（yíng）屋下鐙燭之光。从焱、冖。

燊　燊（shēn）所臻切。盛皃。从焱在木上。
【按】《玉篇》焱部:“燊,炎盛和皃。”指火焰熾盛的樣子。

吳　吳（wú）大言也。从矢、口。
【按】段玉裁注:“大言即謂譁也。”譁,同“嘩”。吳的本義為大聲說話。

幸　㚔（xìng）从屰夭者,不夭也。死謂之不幸。
【按】夭,死亡之事。幸而不夭,故《說文》有“吉而免凶”一說。幸的甲骨文作𡴐、𡴑,隸變作幸(㚔),象手銬之形,故從幸的字多有桎梏義,如執、圉等。小篆字形理據重構,從屰、夭會意。

暴　曓（bào）此訓疾速之“暴”之正字。从日出𠦃廾之。
【按】夲,音 tāo,快速前進。

皋　臯（gāo）气皋白之進也。
【按】“气皋白之進也”,段玉裁注曰:“當作皋气白之進也。皋者,複舉字之未刪者也。皋謂气白之進。”所謂“气白之進”,

即澤也,水旁陸地。

夰 夰(gǎo)古老切。放也。从大而八分也。

【按】放者,放縱分散。

臮 臮(gǎo)古老切。大白澤也。古文以爲"澤"字。

【按】段玉裁注曰"澤"字乃淺人妄增,臮本義爲大白,與訓澤之"皋"義近音同。

患 患(huàn)古文作"悹"。从臼。臼心者,諺所謂捧心捧膽也。小篆省爲"患"。

衍 衍(yǎn)水朝宗于海皃也。从水、行。

汓 汓(qiú)古"泅"字。

【按】汓,《説文》:"浮行水上也。"即游水。

砅 砅(lì)亦作"濿"。此"深則厲"之"厲"之正字。履石渡水也。

【按】深則厲,語出《詩經·邶風·匏有苦葉》:"匏有苦葉,濟有深涉。深則厲,淺則揭。"《論語·憲問》以"荷蕢"者(背背簍的人)之名援引曰:"深則厲,淺則揭。"意思是,水深就摸著石頭游過河,水淺就撩起衣服趟過去。

休 休(nì)此"陷溺"之"溺"之正字。从人在水中。"溺"則"弱水"之"弱"之正字。

沙 沙（shā）水少則沙見。亦作"沙"。

【按】沙，《説文》："水散石也。"水中細碎的小石子即是沙。

頮 頮（huì）荒内切。洒面也。从廾、水向頁。《説文》作"湏"，似有損壞。

【按】《説文》無"頮"有"沫、湏（古文）"，段玉裁認爲湏當作"頮"，從兩手匊水而洒其面。即雙手捧水洗臉。

流 流 流（liú）从水、㐬。言水流有所衝突也。古文从沝。

【按】沝，音 zhuǐ，二水也。王筠認爲，水、沝二字音義相同而形體有別。

涉 涉 涉（shè）从步、水。古文从沝。

【按】涉，《説文》："徒行濿水也。"《爾雅·釋水》："繇膝以上爲涉。"繇，同"由"。涉即步行過水，且水深過膝。

甽 甽（quǎn）古"畎"字。田間之川也。

邕 邕（yōng）於容切。四方有水自邕成池者。从川，从邑。

【按】"四方有水自邕成池者"，意思是周圍被水環繞的都城。

冰 冰（níng）古"凝"字。从水、仌。

鷙 鷙（chì）丑利切。忿戾也，至而復孫。孫，遁也。孫讀爲遜。

【按】忿戾，憤怒而乖戾違理。

聅 聅（chè）恥列切。軍法以矢貫耳也。

拜 �（bài）从兩手併下。

【按】拜，《説文》：“首至地也。”段玉裁改爲“首至手也”，“首至地謂𩠐首，拜中之一，不可該九拜。拜之名生於空首”。𩠐（qǐ，今作稽）首，叩頭至地。空首，拜頭至手。

婦 婦（fù）从女持帚。

【按】从女持帚，會灑掃之意。

嫋 嫋（niǎo）奴鳥切。姌也。从女、弱。

【按】姌，音 rǎn，細長柔弱。

亡 亡（wáng）逃也。从入、乚。乚，古“隱”字。

匄 匄（gài）古代切。乞也。亾人爲匄。

【按】匄，《説文》各本釋作“气也”，取其音同假借，今王筠釋爲“乞也”，十分正確。乞即乞求義。

戔 戔（jiān）子廉切。絶也。从二人持戈。鐵从之。

【按】段玉裁注：“絶者，刀斷絲也。引申爲凡斷之稱。”

武 武（wǔ）从止、戈。

【按】武，古文作𢧀、𢦦，從止、戈，會意征伐示威。《説文》引《左傳·宣公十二年》楚莊王之説：“夫武，定功戢兵，故止戈爲武。”從止從戈表示制止用兵，停止戰禍。這是武字的文獻用義,非文字構形本義。

弜 弜（tán）同"彈"。从弓持丸。

繇 繇（xì）籀文"系"。从爪、絲。

孫 孫（sūn）孫繼其子也。系,繼也。

【按】《説文》:"子之子曰孫。"

素 素（sù）白緻繒也。从糸、巫。取其澤也。

【按】白緻繒,没有染色的絲綢。

蠧 蠧（dù）同"蠹"。从䖵在木中。

蠱 蠱（gǔ）公户切。从皿、蟲。

埽 埽（sào）以帚坴土也。

【按】坴,音 fèn,即"坋"字。《説文》:"埽除也。从土,弁聲。讀若糞。"

畜 畜（chù/xù）此字當作畜。从玆。玆,古"叀"字。《淮南子》曰:"玆田爲畜。"謂玆而繫之田中也。

【按】畜,音 chù,作名詞,指所蓄養的禽獸。音 xù 時作動詞,指飼養禽獸。玆,大徐本《説文》作"玄",玄爲糸,古人畋獵得而拘束縈養之,則爲家畜。

男 男（nán）从力、田。

【按】从力、田,表示用力(或説爲"耒",古代的一種農具)在田間耕作,會意男子。

劣 **㓝**（liè）从力、少。

叶 **叶**（xié）同"協"。衆之同和也。从十、口,与"十口爲古"同意。此横説,彼豎説。

与 **与**（yǔ）賜予也。从一、勺。勺,酌也。酌其當与以否也。此取與之正字。與,黨與也。

凭 **倗**（píng）皮冰切。依几也。經典借用"馮",俗作"憑"。

尻 **尻**（jū）从尸得几而止。

【按】尸,臥人也。几,《説文》"踞几也",古人席地而坐時有靠背的坐具。尻,今作"居"。

斷 **斷**（duàn）以斤㡭之也。㡭,古"絶"字。

料 **料**（liào）音遼。量也。从斗,米在其中。

衛 **衛**（juàn）古絢切。車搖也。

【按】車搖,段玉裁注曰:"未聞。以篆之次第詳之,此篆當亦謂車上一物,而今失傳。"

軍 **軍**（jūn）營壘之謂也。勹其兵車於中。

【按】營壘,軍營及其周圍的防禦建築物。

軵 𦨞（rǒng）而隴切。反推車,令有所付也。付即附。

陟 𦥒（zhì）登也。从步、阜。

卺 𢀪（jǐn）居隱切。謹身有所承也。从己、丞。合卺,
古作"合巹"。
【按】"謹身有所承",恭敬地承受。

綴 𦅕（zhuì）与"叕"同意,以糸聯叕之也。
【按】聯叕,即綴聯。

馗 𦥔（kuí）同"逵"。九達道也。从九、首。
【按】逵,《爾雅·釋宫》:"九達謂之逵。"指四通八達的道路。

辤 𨐔（cí）不受也。受之則辛,是宜辤也。
【按】辤,《康熙字典》:"同辭。"

辭 𤔲（cí）訟也。䪞辛猶理辜也。
【按】訟者,訴訟也,以法律治理紛亂。辜,罪行。理辜,治
理有罪的人。

挽 𤔛（miǎn）凵辨切。生子免身也。
【按】挽的本義爲分娩,後作"娩"。

孱 𡱶（chán）士連切。迮也。一曰呻吟也。从孨在尸

下。

【按】迮，音 zé，逼迫。

莤（sù）此“縮酒”之“縮”之正字。

【按】莤，又音 yóu，一種水草。

右順遞爲義者，凡二百五十七文。〇其中兼聲者，社、祟、皇、辛、取、畋、鼻、奮、耵、劓、甛、梪、青、貫、梟、兇、兩、仰、位、伍、什、佰、佡、皋、製、譬、勼、危、岬、冰、釚、綴、挩、孱，凡三十四字，以義爲重，故《説文》不言聲也。

祝（zhù）从示，从人、口，此竝峙爲義者也。示，神也。人口則祝之事也。下並放此。不復言从某某，惟字義隱曲者乃著之。

琕（fú）音服。盛玉皮篋也。使者奉玉，盛之以琕，置之車上。

蓏（luǒ）郎果切。瓜也。从艸，从胍。

蒐（sōu）所鳩切。茅蒐，茹藘。人血所生，可以染絳。从艸，从鬼。

【按】茅蒐、茹藘（lú），皆指茜草，根可作絳紅色染料。

芟（shān）刈艸也。

【按】刈，音 yì，割也。

若 𦬛（ruò）擇菜也。菜,艸屬。右,手也,所以擇之。

龠 龠（yuè）三孔竹管也。从品、侖。侖,理也。

囂 囂（xiāo）許嬌切。聲也,气出頭上。从𣅓,从頁。
頁,首也。

分 分（fēn）八,別也。刀以分之。

宷 宷（shěn）古"審"字。从宀,屋也,覆物者也。采,
古"辨"字。包覆之物而能辨之,是詳審也。

悉 悉（xī）詳盡也。
【按】悉,古文作𢝕,從心,從采,會意心中明辨。

告 告（gào）牛觸人。角著橫木,所以告人也。
【按】告,古文作𠙻、𠙻,象舌在口上,會意禱告上天。本義
當爲告祭,引申指告知、報告。

名 名（míng）自命也。夕不相見,故以口自名。
【按】夜晚人不能相見,故以口自名。"名"兼有名詞、動詞
兩種含義,表示人名和自己稱呼自己。

命 命（mìng）使也。从口,从令。

咠 咠（qì）聶語也。从口,从耳。
【按】段玉裁注:"聶,附耳私小語也。"

启 启（qǐ）開也。从户，从口。

咸 咸（xián）悉也。从口，从戌。戌，悉也。

【按】《爾雅·釋詁》：“咸，皆也。”“悉、皆”同義，指都同。

唬 嘯（xià）呼訝切[1]。嘯聲也。

【按】徐鍇《説文解字繫傳》：“一曰虎聲。”段玉裁注曰：“虎聲也。鍇本不誤，鉉本改爲嘯聲，誤甚。”今常用其虛張聲勢義，讀作 hǔ。

癹 癹（bá）普活切。以足蹋夷艸也。从癶，从殳。

【按】“以足蹋夷艸”，用腳將草踩平。癹，分化出“撥”，後作“撥”，有分開、治理義。

此 此（cǐ）止也。从止，从匕。匕，相比次也。

【按】段玉裁注：“於物爲止之處，於文爲止之詞。”

正 正（zhèng）是也。从一，从止。

【按】正，古文作吅、足、足，象人腳朝某個地方行進，本義爲征行。因爲朝著一個固定的地方行進，故引申爲正直、正中。

辵 辵（chuò）丑略切。乍行乍止也。从彳，从止。

【按】辵，古文作彳，象人腳在大道之上，會意行走。小篆

---

[1] 大徐本《説文》作“訝訝切”。

以止爲停止義，不知古文形體，屬於理據重構。

連 **𨍱**（lián）与"輦"同。人推車也，故從辵、車。

道 **𧗞**（dào）路也。从辵，从首。

送 **𨘇**（sòng）遣也。从辵，从倴省。倴，今作"媵"。
【按】倴，音 yìng，《説文》人部："倴，送也。"《玉篇》人部：
"倴，與媵同。"

退 **𢓨**（tuì）从彳，从日，从夊。
【按】退，《説文》："卻也。一曰行遲也。"

延 **𢖻**（chān）丑連切。安步延延也。从廴，从止。
【按】"安步延延"，緩步而行的樣子。

齔 **齘**（chèn）初堇切。毀齒也。男八月生齒，八歲而齔；
女七月生齒，七歲而齔。似小徐作七聲爲是，大徐或誤。
【按】毀齒，從乳牙脱換爲恒牙。

器 **㗊**（qì）器之類多，故从四口，犬所以守之。
【按】器，《説文》："皿也。"段玉裁注："器乃凡器統偁。器
下云皿也者，散文則不別也。"

胖 **㪚**（xī）胖瞴，布也。从十，从肎。肎，振肎也。
【按】胖瞴（xiǎng），散布瀰漫。肎，音 xì，振動，分布流散。

計 計（jì）算也。十者,數之具也。

設 設（shè）施陳也。从言,从殳。殳,使人也。
【按】施陳,安置、陳列。

諰 諰（xǐ）胥里切。思之意也。《廣韻》曰:"言且思之。"

諕 諕（háo）乎刀切。號也。
【按】諕,一音 xià,古同"嚇",使害怕。

討 討（tǎo）治也。寸,法度也。
【按】段玉裁注:"發其紛糾而治之曰討。"治討曰討,猶治亂曰亂也。

善 譱 善（shàn）羊,祥也,故善、美、義、羞並从羊。
【按】善,《説文》:"吉也。"《説文》口部:"吉,善也。"同義互訓,善是吉祥的意思。

競 競（jìng）从誩,从二人。
【按】競,古文作羿、㺊,象有頭飾的兩人相逐,引申有爭辯、爭逐義。《説文》訓"彊語",段玉裁注曰:"彊語謂相爭。"與古文釋義相同。

竟 竟（jìng）樂曲盡爲竟。从音,从人。
【按】樂曲盡即曲之所止爲竟,段玉裁注曰:"引伸之凡事之所止、土地之所止皆曰竟。"竟,分化出"境"字,單表示邊境義。

對 對（duì）對 對（duì）應無方也。从丵,从口,無方之意。寸,法度也。漢文帝去口从士,實則鐘鼎文固然。

【按】金文作對、對、對。下或從口,或從士。所謂應無方,即真誠對答,不求方技。

丞 丞（chéng）翊也。从廾,从卩,从山。山高,奉承之意。

【按】段玉裁注:"翊當作翼,俗書以翊爲翼。翼猶輔也。"丞的本義是輔助。古文丞作丞、丞,象伸出雙手拯救落入坎穴之人,是"拯"的初文。

奐 奐（huàn）呼貫切。取奐也。一曰大也。从廾,从夐省。夐,營求也。

【按】奐的構形意圖不明。夐,音 xuàn。營求即謀求。

弇 弇（gān/yǎn）古南、一險二切。葢也。

【按】弇,《爾雅·釋言》:"葢也。"郭璞注曰:"謂覆葢。"

具 具（jù）供置也。从廾,从貝省。古以貝爲貨。

異 異（yì）分也。从廾,从畀。畀,與也。

與 與（yǔ）从舁,从与。

【按】與,金文作與,象四手共舉某物之形,表示給予。

興 興（xīng/xìng）从舁,从同。

【按】興，甲骨文作𦥑、𦥔，象四手合力抬起某物。《説文》：
"起也。"與古文構意一致。

鼐 鼐（qióng）渠容切。所以枝鬲者。从爨、鬲並省。
【按】鬲，古代形狀像鼎而足部中空的炊具。枝鬲，即支鬲。
鼐是支鬲的足架。

羹 鬻（gēng）从羔，从美。
【按】《説文》："五味盉羹也。"盉，調味也，今作"和"。羹，
指用肉或菜調和五味做成的帶汁的食物。上古的羹一般
指帶汁的肉，中古以後表示湯。

埶 埶（yì）蓻、萟、藝竝同。種也。从坴，土也。从丮，
持也，持而種之。

鬩 鬩（xì）許激切。恒訟也。从鬥，从兒。
【按】恒訟，常常爭訟。《詩經·小雅·常棣》："兄弟鬩于牆。"取
其爭訟義。

鬫 鬫（xuàn）胡畎切。試力士錘也。从鬥，从戈。

及 㞢（jí）从又，从人。
【按】及，《説文》："逮也。"段玉裁注："及前人也。"

反 㞷（fú）房六切。治也。从又，从卩。卩，事之節也。
報、服从之。

【按】治即治事，從事某種工作。

筆　筆（bǐ）从聿，从竹。聿者，筆也。

聿　聿（jīn）音津。聿飾也。逮、盡、津从之。隸皆从聿。
【按】逮，《康熙字典》：“《廣韻》則前切。《韻會》子僊切，並
音箋。《説文》自進極也。又《篇海》古文津字，別作逮。”
盡，音jīn，大徐本《説文》：“气液也。从血，聿聲。將鄰切。”
津，古文“津”。《説文》：“水渡也。”王筠《説文解字句讀》：
“渡本動字，此借爲静字，故加水以明之。”水渡即渡口。

緊　緊（jǐn）糾忍切。纏絲急也。从臤，从糸。

堅　堅（jiān）剛也。从臤，从土。

轂①　轂（jī）古歷切。相擊中也。如車相擊，故从殳，从軎。

殴　殴（jiù）居又切。揉屈也。臼，古“宧”字。殴从之。
【按】《康熙字典》：“徐鉉曰：宧，小謹也。亦屈服之意。”段
玉裁注曰：“《説文》有㯳無揉。㯳，屈申木也。㯳屈，謂柔
而屈之。”

役　役（yì）戍邊也。从殳，从彳。

---

① 大徐本《説文》作“轂”。

㐱（zhěn）㐱,新生羽而飛也。从短羽之几[①],从彡。㐱,同“鬒”,从人,从彡。竝之忍切。从之之字皆不可辨。

【按】鬒,音zhěn,《説文》:“稠髮也。”《詩經·鄘風·君子偕老》:“鬒髮如雲。”傳:黑髮也。意思是頭髮稠密而黑。

𤿭（ruǎn）當作“𤿭”,音耎。柔革也。从北,从皮省,从夐省。

攸（yōu）行水也。从攴,从人,从水省。秦刻石文作“汥”。

【按】段玉裁注:“水之安行爲攸,故凡可安爲攸。”行水,即流水。

寇（kòu）从支,从完。

【按】《説文》:“暴也。从攴,从完。徐鍇曰:當其完聚而欲寇之。”段玉裁注曰:“暴當是本部之䋈。暴疾之字引伸爲暴亂也。从攴、完。此與敗賊同意。”其本義是入侵、侵犯。

敎（jiào）从支,从孝。

【按】敎,即“教”,《説文》:“上所施下所效也。”

貞（zhēn）卜問也。从卜,貝以爲贄。

【按】贄,音zhì,《玉篇》:“執玉帛也。亦作摯。”引申指初

① 底本誤作“几”。

次拜見尊長或敬重的人時所持的禮物。

樊 樊（fán）附袁切。藩也。

【按】藩，即籬笆。

省 省省（xǐng）視也。从眉省，从屮。屮，通識也。古文从少，从囧。囧，明也。

夏 夏（xuè）音颭。火劣切。舉目使人也。从攴，从目。

【按】颭，音 xuè，小風。

奭 奭（jū）舉朱切。裒視也。从䀠，从大。大，人也。斛字从之。

【按】斛，音 jū，抱取。

皆 皆（jiē）俱詞也。“白”同“自”。

矯 矯（zhì）从白，从亏，从知。今作“智”。

翟 翟（dí）山雉尾長者。从羽，从隹。

翏 翏（liù）力救切。高飛也。从羽，从新生羽之彡。

翌 翌（tà）土盍切。飛盛皃。从羽，从冃。

【按】冃，今作“冒”。《説文》：“犯冒而飛是盛也。”即奮力上飛的樣子。

苜 𦣹（mò）音末。目不正也。从丷，从目。夢、蔑从之。

瞢 𥌓（méng）木空切。目不明也。从苜，从旬。

霍① 靃（huò）呼郭切。飛聲也。雨而雙飛者，其聲霍然。

畢 畢（bì）網也。从田，獵也。从華，箕屬，象畢形微也。

【按】徐鍇曰："卑聿反。"段玉裁注曰："畢，卑吉切。畢之言蔽也。"

棄 �（qì）从廾，推華弃之也。从𠫓。𠫓，逆子也。

【按】棄，甲骨文作�', 象手持畚箕將初生的嬰兒抛棄之形，本意是抛棄。𠫓，音 tū，《説文》："不順忽出也。从到子。"到子即倒子。𠫓的意思是難産倒生的孩子。古人認爲孩子難産是不詳的徵兆，因而稱其爲不孝子。

幼 𢆶（yòu）幺，小也。

【按】幼，《説文》："少也。"

幾 𢆶（jī）微也，殆也。从絲，微也。从戍，守也。微而兵守者，危也。

爰 𤔔（biào）音摽。物落上下相付也。从爪，从又。

---

① 大徐本《説文》作"靃"。

爰 爰（yuán）引也。从受，从于。

亂 亂（luàn）音亂。治也。幺子相亂，受治之也。冂，界也。

受 受（liè）力輟切。撮也。从受，从己。己，物也。

爭 爭（zhēng）从受，从厂。厂，曳也。受，二手也。二手曳之，爭之象也。

叾 叾（yǐn）音隱。所依據也。从受，从工。
【按】段玉裁注："此與𠭉部隱音同義近，隱行而叾廢矣。"

叏 叏（cán）同"殘"。穿也。
【按】徐灝《説文解字注箋》："引申之，則凡物之殘敗皆曰叏，凡有所穿鑿亦曰叏。"今通用"殘"字。

叡 叡（hè）同"壑"。从叏，从谷。
【按】叡，《説文》："溝也。"段玉裁注："水部：'溝，水瀆。廣四尺，深四尺。'此單舉《匠人》文耳。凡穿地爲水瀆皆稱溝、稱叡。"

叡 叡（gài）音概。堅意也。从叏，从貝。
【按】段玉裁注："其意爲深堅。"深意故從叏，堅意故從貝。

叡 叡（ruì）與睿、壡同。从叏，从目，从谷省。
【按】叡，《説文》："深明也。通也。"睿，古文叡。壡，籀文叡。本義是明智通達。

殉 骰（cán）音殘。禽獸所食餘也。

死 骶（sǐ）从歹，从人。

【按】段玉裁注："水部曰：'澌，水索也。'《方言》：澌，索也，盡也。是澌爲凡盡之偁。人盡曰死。"許慎以"澌也"訓死，死、澌異部疊韵，屬於聲訓。

別 骩（bié）从冎，从刀。

【按】冎，音guǎ，剔人肉置其骨也。別，許慎釋曰："分解也。"

肘 骬（zhǒu）臂節也。寸，手寸口也。

肎 骮（kěn）俗作"肯、肯"。骨間肉。肎肎相著也。从肉，从冎省。

會 骲（huì）从亼，从曾省。

【按】會，《説文》："合也。"段玉裁注曰："凡曰會計者，謂合計之也。"曾，同"增"，表示增益。

𡴀①骳（biǎn）方斂切。傾覆也。从寸，手也。从巢省。杜林以爲"貶損"之"貶"。

則 骴（zé）等畫物也。貝，古之物貨也。

【按】段玉裁注曰："等畫物者，定其差等而各爲介畫也。今

---

① 底本作"𡵃"，段玉裁注同，今依大徐本《説文》改正。

俗云科則是也。介畫之,故從刀。引伸之爲法則。"科則,
通謂之條規。

釗 釗（zhāo）刓也。
【按】刓,音 wán,削刻。

制 制（zhì）裁也。从刀,从未。未,物成有滋味,可裁斷。

契 契（qì）苦計切。刻也。从㓞,从木。
【按】㓞,音 qià,初文作"丯",本義是巧妙地刻畫。

等 等（děng）齊簡也。从寺,官寺之等平也。
【按】段玉裁注:"齊簡者,疊簡册齊之,如今人整齊書籍也。
引伸爲凡齊之偁。"

筮 筮（shì）巫,古"巫"字。
【按】筮,《説文》:"《易》卦用蓍也。从竹,从巫。巫,古文
巫字。"本義是古代用蓍(shī)草占卜的一種迷信活動。

簋 簋（guǐ）居洧切。黍稷方器。从竹,从皀,从皿。

匭 匭（guǐ）古文"簋"。从匚,从飤。

筭 筭（suàn）計數之器。常弄乃不誤也。

算 算（suàn）數也。从竹,从具。
【按】段玉裁注:"筭爲算之器,算爲筭之用。"算是計算,作

動詞;筭是計算用的工具,如筭籌,是名詞。

巽 巽（xùn）巽也。从丌,从頤。巺,卦名也。巽,卦德
也。今以同聲借用,概作"巽"。

【按】所謂卦德,指《易》卦的品性和功用。

奠 奠（diàn）酋,酒也。丌以薦之。

差 差（chā）忒也。从左,从巫。

【按】差,《説文》:"貳也。差不相值也。"本義爲失当、相差。

寒 寒（sè）此"杜塞"之"塞"之本字。从珡,从廾,窒
宀中。珡,猶齊也。

覡 覡（xí）胡狄切。男巫也。

沓 沓（tà/dá）語多沓沓也。

甹 甹（pīng）普丁切。亟詞也。

奇 奇（qí）从大,从可。

【按】奇,《説文》:"異也。一曰不耦。"異謂不群,不耦是從
奇耦角度論説。

于 于（yú）於也。从丂,从一。

粤 粤（yuè）从亏,从宷。

【按】粤,《説文》:"亏也。審慎之詞者。"亏,同"于",句首

發語詞或句中助詞。宷,音 shěn,即"審"之初文。

平 𠀌(píng) 从亏,从八。

【按】平,《説文》:"語平舒也。"語氣平和舒順。

喜 喜(xǐ) 从壴,从口。

【按】喜,段玉裁注:"樂也。樂者,五聲八音總名。《樂記》曰:樂者,樂也。古音樂與喜樂無二字,亦無二音。"

壴 壴(zhù) 中句切。陳樂立而上見也。从屮,从豆。

【按】壴,古文作壴、壴,象上插羽飾的鼓形。本義是名詞鼓。《説文》"陳樂"指陳列樂器。

尌 尌(zhù) 音住。立也。寸,持之也。

【按】今常音"shù",表示樹立的意思。

䵴 䵴(zhì) 此《堯典》"平秩"之"秩"之正字。爵之次第也。

嚚 嚚(yín) 語巾切。兩虎争聲。

醯 醯(xī) 呼鷄切。酸也。作醯以鬻以酒。从鬻、酒立省。皿,器也。

盈 盈(yíng) 滿器也。从皿、夃。

【按】段玉裁注:"滿器者,謂人滿宁之。"宁,即貯。滿器,充滿器皿。

盍 盒（hé）覆也。从大，从血。

徵 徵（zhēng）召也。从壬，善也。从微省。行于微而聞達者，即徵之也。

彤 彤（tóng）丹飾也。从丹。"彡"其畫也。

【按】丹飾，指彩色裝飾。

荆^① 荊（xíng）此"刑法"之"刑"之正字。从井，从刀。刑，殺也。从刀，幵聲。

鬱 鬱（yù）芳艸也。此鬱邑之專字。从臼、冂、缶、鬯。"彡"其飾也。

僉 僉（qiān）从亼，从吅，从从。

【按】僉，《說文》："皆也。"段玉裁注曰："《釋詁》曰：僉、咸、胥，皆也。"

侖 侖（lún）思也。从亼，从册。

【按】段玉裁注："'龠'下曰：'侖，理也。'"認爲思與理同義也。侖，甲骨文作龠，由亼、册會意，有梳理、整理的意思。

今 今（jīn）从亼，从乛。乛，古"及"字。

【按】今，《說文》："是時也。"段玉裁注："今者，對古之偁。

---

① 今楷書作"刑"。

古不一其時，今亦不一其時也。云是時者，如言目前。則目前爲今，目前已上皆古。"

仝 仝（quán）从入，从工。小篆从玉作"全"。

【按】仝，《説文》："完也。"宀部曰："完，全也。"

躲 躲（shè）古"射"字。案：此字當依鐘鼎文作𰵡，乃指事純體字。石鼓文改爲𰵢，已不明顯，小篆再變之，遂失古意。

矦 矦 矦（hóu）从人，厂象張布，矢在其下。古文省人。

【按】古文作𰵣、𰵤，象射侯張布著矢之形，本義爲箭靶。

知 知（zhī）从口，从矢。

【按】知，《説文》："詞也。"段玉裁注爲"識詞"，"識敏，故出於口者疾如矢也"。認識知道的事物可以脱口而出，本義是知道。林志强認爲，智、知爲一組古今字，且智爲古，知爲今。

就 就（jiù）就高也。京，絶高邱也。尤，異也。

𪉖 𪉖（yōng）古"庸"字。从㐭，从自。

【按】庸，《説文》："用也。"《玉篇》曰："𪉖，今作庸。"

厚 厚（hòu）山陵之厚也。从𠦝，从厂。

【按】𠦝，音 hòu，厚也。《玉篇》："不薄也，重也。"

稟 稟（bǐng）筆錦切。賜穀也。

麥 麥（mài）从來。來即麥也，有穗者。从夊。夊、穗聲近。

【按】麥，古文作 、 ，象小麥的形象，有根、莖、葉之形。來，古文作 、 ，象有芒刺的麥子。"來、麥"同源，本義是小麥。

致 致（zhì）送詣也。从夊，从至。

戁 戁（kǎn）苦感切。舞也。从章，从夅，从夊。

夏 夏（xià）中國之人也。从頁，首也。臼，兩臂也。夊，兩足也。

【按】段玉裁注："中國之人也。以別於北方狄、東北貉、南方蠻閩、西方羌、西南焦僥、東方夷也。"

畟 畟（cè）初力切。治稼畟畟進也。从田、人，从夊。

【按】"治稼畟畟進"，指治理莊稼耕作前進。

夃 夃（gǔ）音沽。市買多得爲夃。从乃。乃，古"及"字。从夊。夊，至也。既得便宜，即屢往也。

析 析（xī）破木也。从木，从斤。

臬 臬（niè）五結切。射準的也。木，其質也。自，鼻也。發矢以鼻爲準。

【按】射準的（dì），射準中的。

枚 𣛠（méi）榦也。可爲杖。从木，从攴。
【按】榦，即樹幹。

無 𣠔 𣠔（wǔ/wú）上文甫切。豐也。从林，从大，从
卌，數之積也。《説文》引“庶艸蕃無”。下武扶切。亡也。
从亡，𣠔聲。金刻率用“𣠔”爲有無字，而《洪範》作“𢘋”，
蓋衛包改之。
【按】“上文甫切”，指𣠔，今隸作“無”。“下武扶切”，指
𣠔，今隸作“𣠔”。無，古文作𢍑、𢍑，象人手持舞具之形，是
“舞”的初文。後常被借作表示“有無”之“無”。

師 𠵀（shī）衆也。从帀，从𠂤。𠂤四帀，衆意也。
【按】師，《説文》：“二千五百人爲師。”

賣 𧷏（mài）从出，从買。
【按】賣，《説文》：“出物貨也。”

索 𣘗（suǒ）繩索也。从宋，从糸。宋，普活切。

華 𦾓（huá）从艸，从𠦑。案：与“𠦑”同。
【按】華，《説文》：“榮也。”《爾雅·釋草》：“木謂之華，草謂
之榮。”華，今通作“花朵”之“花”。

圖 𨜔（tú）計畫難也。从囗，从啚。啚，難意也。

囡 𡆥（niè）音聶。私取物，縮藏之。从囗，从又。

【按】囚，《説文》作："下取物，縮藏之。"本義爲攝取。

贊 贊（zàn）从貝，从兟。

【按】《説文解字繫傳》："見也。從貝，從兟。臣鍇曰：進見也，貝爲禮也。"贊的本義是謁見。兟，音 shēn，段玉裁認爲其"蓋並先爲衆進之意"。

邑 邑（yì）國也。从口，从卩。

【按】段玉裁注："《左傳》凡偁人曰大國，凡自偁曰敝邑。古國、邑通偁。"今稱作都城。

晉 晉（jìn）進也。从日，从臸。臸，到也。

【按】臸，音 zhī，到達。

曄 曄（yè）筠輒切。光也。

昌 昌（chāng）美言也。从曰，从日。

【按】昌，古文作昌，從口從日，構意不明。《説文》："一曰日光也。"

普 普（pǔ）日無色也。从日，从竝。

【按】《説文解字繫傳》曰："日無光，則近遠皆同，故從竝。"段玉裁注曰："今字借爲溥大字耳。"溥大，即普大。

昆 昆（kūn）同也。从日，从比。

旋 旋（xuán）从㫃，从疋。疋，足也。足隨旌旗以周旋也。

旅 㫃（lǚ）軍之五百人爲旅。从㫃，从从。从，俱也。

族 㫃（zú）古"鏃"字。矢鋒也。从矢，从㫃。
【按】㫃，音 yǎn，旌旗飄揚的樣子。

疊 疊（dié）徒叶切。理官決罪，三日得其宜。从晶，从宜。王莽改爲"疊"。
【按】段玉裁注："重夕爲多，重日爲疊。"疊的本義可能和重疊相關。

朙 囧（míng）从月，从囧。古文作"明"。
【按】朙，《説文》："照也。"囧爲窗的初文。月照窗户，會意照明，引申指光明、明亮。

盟 盟（méng）从囧，从血。盟者歃血也。古文作"盟"。

夗 夗（yuàn）於阮切。轉臥也。从夕，从卪。臥有節也。
【按】轉臥，身體彎曲側臥。

夙 夙（sù）早敬者也。从丮，持事，雖夕不休，早敬者也。

𢀕 𢀕（yóu）古文作"由"，木生條也。"由"字从田而上出，是地中生萌芽也。"𢀕"加"马"，"马"則其萌芽之狀也。
【按】《説文解字繫傳》："謂是已倒之木，更生孫枝也。"𢀕的本義是樹木生新枝。

栗 栗（lì）卤，垂皃。栗實下垂也。

【按】卤，音 tiáo，草木實垂卤卤然。栗，《說文》釋爲"木也"，屬於大名訓小名。栗是喬木的一種，其果實爲堅果，稱作"栗子"。

粟 㮚（sù）从米，从卤。

【按】粟，《說文》："嘉穀實也。"段玉裁注曰："古者民食莫重於禾黍，故謂之嘉穀。穀者，百穀之總名。嘉者，美也。"粟的本義是禾穀的果實，即粟子、穀子。

秦 㮚（qín）秦地宜禾。从禾，从舂省。

【按】秦，古文作㮚、㮚，象手持杵具搗禾取粟之形，其本義或爲禾名，或爲舂禾，後借作國名。

科 㮚（kē）程也。

【按】程的本義爲品，即稱量穀物，確定品級。科即品類、等級義。

香 㮚（xiāng）从黍，从甘。

【按】香，《說文》："芳也。"艸部曰："芳，香艸也。"此處是以小名訓釋大名。

毇 㮚（huǐ）許委切。米一斛舂爲八斗。从臼，从殳。

【按】毇的本義是舂或碾米使精。臼，音 jiù，熟的米、麥等乾粉。

舂 㮚（chā）楚洽切。舂去麥皮也。从臼，干所以舂之。

㪔 㪔（sàn）此“分散”之“散”之正字。从攴，从𣏟。分㪔之意也。

【按】𣏟，音 pài，段玉裁注爲“葩之總名也”。葩，音 fèi，麻、麻子。

麻 麻（má）从𣏟，从广。

向 向（xiàng）北出牖也。从宀，从口。

【按】牖，音 yǒu，窗户。

寍 寍（níng）安也。从宀，从心在皿上。人之飲食器，所以安人也。

定 定（dìng）从宀，从正。

【按】定，《説文》:“安也。”安定則不動，引申有確定義。《易》説卦:“天地定位。”

實 實（shí）富實也。从宀，从貫。

【按】《説文》宀部:“實，富也。”段玉裁注曰:“以貨物充於屋下是爲實。”富實即富裕。

宦 宦（huàn）仕也。

守 守（shǒu）守官也。从宀，治事處。从寸，法度也。

寡 寡（guǎ）从宀，从頒。頒，分也，分故少。

宋 宋 (sòng) 居也。从宀,从木。

【按】宋,古文作宋,從宀、木,會意居處於木屋。後借用表示國名。

躬 躬 (gōng) 从吕,从身。

【按】躬,《説文》:"身也。"吕爲脊椎骨,躬的本義是身體。

罙 罙 (shēn) 式鍼切。深也。一曰竈突。从穴,从火,从求省。深、探从之。

【按】竈突,即灶上的煙囱。

疢 疢 (chèn) 丑刃切。熱病也。从广,从火。

冃 冃 (mǎo) 莫保切。重覆也。从門,从一。

同 同 (tóng) 从冃,从口。

【按】同,《説文》:"合會也。"口在冃覆之下,因此會意聚集。

青 青 (qiāng) 苦江切。幬帳之象。从冃,屮其飾也。殼从之。

【按】殼,音 qiào,今通作"壳"。

冒 冒 (mào) 冢而前也。从冃,从目。

【按】冢,音 méng,覆蓋。冢而前,覆蓋而前衝,有冒犯義。冒,古文作冒,象眼睛上有個帽子,本義爲帽子,後作"帽"。

最 最 (zuì) 犯而取也。从冃,从取。

羅 羅（luó）鳥罟也。从网，从維。

【按】罟，音 gǔ，網也。

荫 荫（mán）母官切。平也。从廿，五行之數，二十分爲一辰。网荫平也。

【按】平也，意思是彼此相當。《廣雅・釋詁》：“荫，當也。”

羈 羈（jī）同“羈”。从网，从羈。

隙 隙（xì）即“隙”字。中从白，上下从小。

【按】隙，《説文》：“壁際孔也。”指墙壁間的縫隙。

黹 黹（zhǐ）陟几切。箴縷所紩衣。从㡀，从丵省。

【按】“箴（zhēn）縷所紩（zhì）衣”，段玉裁注曰：“箴當作鍼。箴所以綴衣，鍼所以縫也。紩，縫也。縷，綫也。絲亦可爲綫矣。以鍼貫縷紩衣曰黹。”

伊 伊（yī）伊尹。尹，治天下。

散 散（wēi）妙也。从人，从攵，从嵩省。此微小之正字。微，隱行也。今併爲一。

便 便（pián）人有不便則更之。

俒 俒（hùn）胡困切。完也。从人，从完。

偄 偄（nuò）奴亂切。弱也。从人，从耎。

伏 伏（fú）伺也。从人，从犬。

眞 眞（zhēn）僊人也。从匕，从目，从乚。八，所乘載也。

吳 吳（bǎo）相次也。从匕，从十。鍇从之。此"保甲"之"保"之正字。

【按】段玉裁注："十者，數之具也。比敘之則必有其次矣。"吳的意思是排列序次。

頃 頃（qīng）頭不正也。从頁，从匕。言首如匕也。

卬 卬（áng）望也。欲有所庶及也。从匕，从卪。此"昂"之正字。

卓 卓（zhuō）高也。从早，从匕。

衆 衆（zhòng）从伈，从目。

【按】衆，《説文》："多也。"伈，音 yín，衆立也；一音 zhòng，同"衆"。

殷 殷（yīn）作樂之盛稱"殷"。从㐆，从殳。

【按】殷的本義是樂盛，引申爲凡盛之稱。

表 表（biǎo）古者衣裘，以毛爲表，故从衣，从毛。

裊 裊（niǎo）奴鳥切。以組帶馬也。从衣，从馬。

【按】組的本義是絲帶。"以組帶馬"，指用絲帶繩索拴控馬兒。

𦒻（shù）音樹。老人行才相逮。从老省，易省。行之象也。

【按】“老人行才相逮”，段玉裁注曰：“才，僅也。今字作纔。纔相逮者，兩足僅能相及。言其行遲步小也。”𦒻的意思是老人行步遲緩的樣子。

兪（俞）（yú）空中木爲舟也。从亼，从舟，从巜。巜，古“澮”字。

【按】“空中木爲舟”，鑿空木頭的中心作舟。巜本義爲田間水溝，後借用表示水名。

般（pán）般辟也，象舟之旋。殳，所以旋舟也。

【按】般辟，段玉裁注：“漢人語，謂退縮旋轉之皃也。”猶今天之盤桓。

兄（xiōng）从人，从口。

【按】兄，《説文》：“長也。”義爲兄長。其古文作[illegible]，象人張大嘴巴向天祝禱之形。有學者認爲是“祝”的初文。

兜（dōu）當侯切。兜鍪首鎧也。从兜，从皃省。

【按】兜鍪（móu）、首鎧同意並舉，指頭部戴的盔甲，即頭盔。

見（jiàn）从人，从目。

【按】從人從目會意“視也”，即看見。

㝵 㝵（dé）古“得”字。從見，從寸，寸度之也。

霼 霼（xì）虛器切。音欷。見雨而止息。從覤，從雨。
【按】大徐本《說文》作“見雨而比息”，段玉裁注曰：“比下曰密也。密息者，謂鼻息數速也。”人見雨而鼻息加快。王筠《說文解字句讀》：“止，一作比，非也。雨部‘需’，遇雨不進，止需也。”

吹 吹（chuī）從欠，從口。
【按】吹，《說文》重出，“嘘也”，又“出气也”。其義相同。

次 次（xián）古“涎”字。從欠，從水。
【按】次，《說文》：“慕欲口液也。”因羨慕而流出的口水。

羨 羨（xiàn）欲也。從次，從羑省。

盜 盜（dào）欲皿而垂次也。
【按】“欲皿而垂次”，是從文字構形角度闡釋。其本義是“厶利物”，利物即財物，把財物據爲己有就是盜。

頁 頁 頁（xié）胡結切。頭也。從人，從百。鐘鼎文即以爲“首”字。《說文》顏、顛、爤皆從頁。正文失收，金刻多有。

俯 俯 俯（fǔ）古“俯”作“頫”。從頁，從逃省。亦作“俛”。

【按】俯，《説文》："低頭也。"

顥　顥（hào）胡老切。白皃。从頁，从景。景，明也。

煩　煩（fán）熱頭痛也。从頁，从火。

顡　顡（lèi）盧對切。難曉也。不聰之意。

【按】段玉裁注："難曉也，謂相佀難分别也。頛、類古今字。類本專謂犬，後乃類行而頛廢矣。"頛的本義是相似，難以分别，後常用"類"表示。

脜　脜（róu）此"柔色以温"之"柔"之正字。

【按】《禮記·内則》："問所欲而敬進之，柔色以温之。"孔穎達疏："言子事父母，當和柔顔色。"脜，《説文》："面和也。"即面色温和。

彣　彣（wén）無分切。儵也。"儵"即"郁郁乎文哉"之"郁"。

【按】儵，《説文解字注》："有彣彰也。""彣、儵"同意互訓，本義是錯綜斑駁的花紋或色彩。

后　后（hòu）从厂，拽也，明也。后施令，故从厂，从一、口。

【按】厂，音 yì，牽引，義同拽（yè）。后的本義是君王，與"前後"之"後"不同，漢字簡化後通用"后"表示。

印　印（yìn）从爪，从卪。

【按】印,古文作 🖐、🖐,象以手按壓使人跪坐,是"抑"的初文。《説文》"執政所持信"當是後起引申義。

色 色 (sè) 从人,从卩。

【按】色,《説文》:"顔气也。"本義是面色、氣色。

辟 辟 (bì) 法也。从卩,从辛,从口。節制其罪也。

【按】辟,古文作 🖐、🖐、🖐,象以刑具(辛)施於跪著的人。因此本義與法律、治罪有關。

辟 辟 (bì) 必益切。治也。从辟,从井。

【按】段玉裁注其本義爲"法也",同"辟"。

胞 胞 (bāo) 从包,从肉。

【按】胞,《説文》:"兒生裹也。"即胎衣。

苟 苟 (jì) 己力切。自急敕也。从羊省。羊,祥也。从勹、口,猶慎言也。葡从其省。

【按】敕者,誡也。自急敕,即自己告誡自己,猶慎言。

敬 敬 (jìng) 从攴、苟。

【按】敬,《説文》:"肅也。"段玉裁注:"肅者持事振敬也。"

畏 畏 (wèi) 从甶,从虎省。鬼頭而虎爪,可畏也。

禺 禺 (yú) 母猴屬,似鬼。从甶,从内。

㕥 㕙 （yòu）与久切。相詶呼也。从厶，从羑。

【按】詶，音xù，誘惑。相詶呼，即互相打招呼。

峹 㟋 （yú/jié）音隅。陬隅，高山之卩。从山，从卩。《唐韻》子結切。

【按】陬隅，角落。高山之卩，高山的角落。

廛 廛 （chán）二畝半在邑，一家之宅。从广、里、八、土。廬則二畝半在田也。

【按】廛的意思是古代城市平民一戶人家所居的房地。

庶 庶 （shù）从广，从炗。炗，古“光”字。

【按】庶，許慎釋爲“屋下眾也”，本義當是眾多，屋下從“广”得義。

屵 屵 （yuè）以灼切。岸上見也。从厂，从屮省。

【按】岸上見，厓岸高出的樣子。

豦 豦 （qú）强魚切。鬥相丮不解也。从豕，从虍，豕虎之鬥不相捨。

彖 彖 （chǐ）式視切。豕也。

彖 彖 （tuàn）豕走也。

豚 豚 豚 （tún）从豕，从又持肉，以給祭祀。

【按】豚，小豕也。

薦 薦（jiàn）解廌食薦。

【按】解廌即獬豸（xièzhì），古代傳說中能分辨是非的異獸。薦，獬豸所吃的草，即《說文》"獸之所食草"。

灋 灋（fǎ）古"法"字。平如水，从水。廌所以觸不直者去之，从廌、去。

禗 禗（xiǎn）同"獮"，秋田也。爲祭而田，故从示，从豕。

【按】田，同"畋"。秋田，即秋天畋獵。

臭 臭（xiù）从犬，从自。自，鼻也。

【按】段玉裁注曰："禽走臭而知其迹者，犬也。走臭猶言逐氣。犬能行路蹤迹前犬之所至，於其气知之也，故其字从犬、自。自者，鼻也。引伸段借爲凡气息芳臭之偁。"臭的本義是用鼻子辨別氣味，今作"嗅"。引申指凡氣味之稱，後來詞義範圍縮小，衹表示難聞的氣味，讀作 chòu。

獄 獄（yù）此依西嶽華山廟碑額作之。从犾以守之，从言。

【按】獄，《說文》："確也。"段玉裁注："堅剛相持之意。"二犬相對，以吠聲相互爭鬥，本義是爭訟，引申表示監牢。

尞 尞（liào）力照切。柴祭天也。从火，从昚。昚，古"慎"字。

【按】尞，一音 liáo，同"僚"。柴，音 chái，古代祭祀的一種，燃燒木柴以祭天神。

炅 炅（jiǒng）古迥切。見也。

【按】釋爲"見也"不知何意。段玉裁注："《廣韵》作光也，似近之。"其本義當爲光亮。一音 guì，作姓氏，如漢代有炅橫。

燊 燊（lín）此"燐"之正字。从炎，从舛。

燅 燅（xún）此"尋温"之"尋"之正字，於湯中瀹肉也。从炎，从熱省。

【按】尋温即温尋，即温習。《禮記·中庸》"温故而知新"，唐孔穎達疏："言賢人由學，既能温尋故事，又能知新事也。"

奄 奄（yǎn）覆也。从大，从申。

契 契（qì）大約也。从大，从㓞。

【按】契的初文作"㓞"，以刀刻物，本義是契刻，後作"鍥"。因所刻之物常被用作印信，故引申指契約。

夷 夷（yí）平也。从大，从弓。

喬 喬（qiáo）高而曲也。从夭，从高省。

㚟 㚟（niè）尼輒切。所以驚人也。从大，从羊。

【按】㚟，古文作 、 ，象手銬一類的刑具之形，本義爲刑具。王筠"所以驚人也"，是從㚟的功用角度闡釋。

睪 睪（yì）羊益切。伺視也。从𡕔，从目。即今捕盜之眼線。

【按】伺視，暗中觀察。睪，一音 zé，古同"澤"。

圉 圉（yǔ）獄也。从𡕔，从口。

鰲 鰲（zhōu）張流切。引擊也。从𡕔、攵，見血也。

【按】引擊，引而擊之，即掄開了打。

夲 夲（tāo）音滔。進趣也。大十猶言兼十人也。

【按】段玉裁注："趣者，疾也。"進趣，疾速前進。

奏 奏（zòu）進也。从夲，从廾，从中。中，上進之意。

【按】進，進獻、奉獻。

臩 臩（guǎng）驚走也。一曰往來也。从夰，从㞬。今文《尚書》"臩命"，古文《尚書》作"囧命"。

【按】夰，音 gǎo，放逐。㞬，音 guàng，違背。

奰 奰（bì）平祕切。壯大也。从三目三大。隸書奰、贔皆即此字。

規 規（guī）規橅也。

【按】橅，音 mó，同"模"。《説文》："有法度也。"即規矩。

竦 竦（sǒng）息拱切。敬也。束，自申束也。

彔 彔（fú）房六切。見鬼魅皃。彔①，籀文"魅"字。

悳 悳（dé）古"德"字。

恖 恖（yōu）此"憂愁"之"憂"之正字。

頻 頻（pín）此"顰蹙"之"顰"之古字。從頁，從涉。隸變爲瀕、頻兩字。瀕，又作"濱"。

侃 侃（kǎn）從川，從伯。伯，古"信"字。取其不舍晝夜，猶人之剛直也。

衇 衇（mài）亦作"衇、脈"。脈有派別，故從辰。血肉一物，故兩從。

【按】辰，音pài，水的支流，今作"派"。

覛 覛（mì）莫狄切。衺視也。

睿 睿（jùn）古"濬"字。深通川也。從谷，從卢。卢，殘也，阬坎意也。

【按】深通川，疏通川流。

冬 冬（dōng）從夂，從仌。夂，古"終"字。

電 電（diàn）從雨，從申。

---

① 大徐本《説文》作"彔"。

【按】電的古文作⚡、電，甲骨文中"申、電"同形，因"申"被借用表示地支名，後加"雨"分化出"電"專門表示"雷電"之"電"。許慎説："陰陽激燿也。"陰陽相碰產生耀眼奪目的光，即是閃電。

霢 霢（gé）匹各切。雨濡革也。

【按】雨濡革，雨沾濕皮革。

孔 孔（kǒng）通也。乞至，祠高禖而生子。

【按】乞，音 yà，玄鳥，今作"鳦"。祠高禖而生子，爲媒神建立祠堂而生下孩子。段玉裁注曰："高辛氏之世，玄鳥遺卵，娀簡吞之而生契。後王以爲媒官嘉祥，而立其祠焉。"講在上古高辛氏（帝嚳）時期，有娀氏之女簡狄吞下玄鳥產下的卵而生了殷始祖契。後來君王以爲媒官祥瑞，便給它設立了祭祀。

乳 乳（rǔ）人及鳥生子曰"乳"，獸曰"產"。从孚，从乞。

臺 臺（tái）从至，与室屋同意。从屮，从高省。

扇 扇（shàn）扉也。从户，从羽。鳥翅二，門扇亦二。

肁 肁（zhào）此"肇始"之"肇"之正字。肇，擊也。

閉 閉（bì）从門。才，所以閉門也。

䦂 䦂（zhèn）直刃切。登也。从門二。二，古"下"字。

撑 攀（bài）古"拜"字。从手,从𡕒。𡕒,進趣之疾也。

承 兩（chéng）从手,从卩,从廾。

【按】承,甲骨文作𠬞,象雙手奉承一人之形。包含兩種意思,一是以手侍奉,一是人接受侍奉。故《説文》釋爲"奉也,受也"。

脊 𦨶（jí）从𠕛,从肉。

【按】𠕛,背吕也。背吕,背上的脊骨。脊從𠕛、肉,指脊兼骨肉。

妻 𡚽（qī）从女,从又,持事也。从屮,上進之義。

【按】妻,甲骨文作𡚢,象女人以手梳理頭髮之形。因古代妻子的主要職務是主持家裏的事務,故許慎釋爲"婦與夫齊者也","持事"的人。

好 𡛚（hǎo）从女,从子。

【按】段玉裁注:"好本謂女子,引伸爲凡美之偁。凡物之好惡,引伸爲人情之好惡。"

奴 𡚼（nú）从女,从又。

【按】奴,甲骨文作𡚲,象用手抓著一個女人。本義是奴隸。

如 𡚾（rú）從隨也。

【按】徐鍇曰:"女子從父之教,從夫之命,故從口。"

毒 **毒**（ǎi）遏在切。人無行也。从士，从毋。

【按】行，品行。

弗 **弗**（fú）撟也。从丿，从乀，从韋省。

【按】弗，古文作**弗**，象用工具矯正弓弩之形，本義是矯正。常用作副詞，表示否定“不”。

戎 **戎**（róng）从戈，从甲。鐘鼎“甲”字多作“十”，故隸作“戎”。

【按】戎，《說文》：“兵也。”即兵器的總名。《禮記·月令》：“以習五戎。”五戎，弓、殳、矛、戈、戟。

戛 **戛**（jiá）古黠切。戟也。

義 **義**（yì）从我，从羊。

【按】義，《說文》：“己之威儀也。”本義是威儀。

直 **直**（zhí）正見也。从十，从目，从乚。

乍 **乍**（zhà）止也。从亡，从一。

【按】乍，甲骨文作**乍**、**乍**，象用耒耜耕作之形，是“作”的初文。訓“止”義，是從小篆字形出發，結合文獻用例進行的理據分析和歸納。

匸 **匸**（xì）胡禮切。袤徯，有所俠藏也。从乚，乚同“隱”。上有“一”覆之。

【按】俠藏，即夾藏。匚象藏物的東西，本義是隱藏。

匠 𠤷（jiàng）木工也。从匚。匚，音方，器也。从斤，斤所以作器。

弢 𢎺（tāo）土刀切。弓衣也。𠂹，垂飾。

【按】弓衣，即弓箭的袋子。𠂹，音 tāo，本義是滑、輕佻。此處訓“弢”僅使用其形體特徵。

蠻 蠻（lì）郎計切。彌戾也。从弦省，从蠻。

【按】彌（bì）戾，凶暴乖戾。

緜 緜（mián）从系，从帛。

【按】緜，《説文》以爲“聯微也”，古文字學者認爲其本義是蠶絲結成的片或團。

絕 𢇺（jué）从糸，从刀，从卩。

【按】絕，甲骨文作𢇺，象截斷絲縷之形。許慎曰：“斷絲也。”引申爲凡斷之稱。

轡 轡 轡（pèi）《説文》从軎，傳寫之誤。石鼓从𠬝，即《説文》“叀”字，控御之意。从絲者，六轡如絲也。

螮（蝀） 蝀（hóng）籀文“虹”。从虫，从申。申，電也。兩體皆比象之詞。

蠅 𧒻（yíng）从黽，以其大腹也。从虫。

𠅊 𠅊（jí）敏疾也。从人，从口，从又，从二。二，天地也。

封 𡉚（fēng）从之，从土，从寸。古文作"垙"。籀文作"𡐨"，从土，丰聲。

【按】封，甲骨文作𡉚、𡉚，金文作𡉚，象植物長在土上，以手會意栽種。本義是堆土植樹爲界，引申表示《説文》"爵諸侯之土也"。

圣 𡉈（kū）苦骨切。致力于地也。

堇 𡉈（qín）巨巾切。黏土也。从土，从黃省。

【按】堇，今依《集韻》渠吝切，讀 jǐn。

里 里（lǐ）从田，从土。

【按】里，《説文》："居也。"人所居住的地方。

甸 𤱥（diàn）天子五百里内地。从田，从勹。

【按】甸，金文作𤱥，會意人耕治土地，後表示圍繞在都城五百里内的王田。

加 𠡠（jiā）从力，从口。

【按】加，《説文》："語相增加也。"本義是添枝加葉説假話，引申指一般意義的增加。

銜 銜（xián）鑣也。馬勒口中，所以行馬。

【按】鑣，音 biāo，馬嚼子。

処 処（chǔ）古“處”字。止也。从夂，得几而止。

隉 隉（niè）五結切。危也。从阜，从毀省。

【按】危，危險、不安全。

臽 臽（qiǎn）去衍切。臽商，小塊也。从阜，从臾。

【按】小塊，小土塊。

貯 貯（zhù）陟呂切。幬也，所以載盛米。从甾，从宁。

【按】幬，音 zhūn，裝米的器物。

六 六（liù）《易》之陰數，變于六，正于八，故从入，从八。
案：九數以五居中，自五摺疊觀之，四六相對，故 六、六 之
形相近。

獸 獸（shòu）从嘼，从犬。

【按】《爾雅·釋獸》：“四足而毛謂之獸。”指有四足而全身
有毛的脊椎動物。《説文》“守備者也”，是其引申義。

亂 亂（luàn）治也。𤔔，煩也。今通用“亂”。

辠 辠（zuì）自，鼻也。辠人辛苦憂鼻也。秦始皇改用
“罪”字。罪，捕魚竹網也。从网，非聲。

癸 𣸭 （guǐ）籀文"𦥑"。从癶，从矢。

【按】癸，甲骨文作𣸭，後世基本沿襲。象二戣 (kuí)，古代兵器。或是戣的古文。常借用表示天干第十位。

臾 𦥔 （yú）束縛捽抴爲臾曳。从申，从乁支切之"乁"。

【按】"束縛捽抴"，捆住拖拉。乁，音 yí，《玉篇》"移也，徙也"，意思是移動。

曳 𦥔 （yè）羊世切。从申，从余制切之"厂"。

【按】厂，音 yì，牽引。曳，《説文》"臾曳也"，即拖拉牽引之義。

酋 酋 （qiú）繹酒也。从酉，水半見出於上。

【按】《爾雅·釋詁》："繹，陳也。"繹酒，陳酒，久釀之酒。

尊 蔂 （zūn）酒器也。从酋，廾以奉之。

亥 𠀆 （hài）荄也。从二，古"上"字。从二人，一人男，一人女也。从乙，象裹子咳咳之形。

【按】荄，音 gāi，草根。

右㑹峙爲意者，凡三百四十五文。○此類字，不能以所從之兩體、三體連貫而直捷言之，由其用意多委曲，或有字形不足以盡字義者也。○其兼聲者，芰、命、叕、此、愢、競、異、與、筆、堅、教、奭、㸙、㓞、畁、喜、尌、荊、就、厚、稟、致、賣、華、贊、朙、盟、曳、科、麻、冒、侂、傻、表、羨、彣、胞、契、喬、悳、冬、電、癹、䲪、亂、臾、曳、酋，凡四十八字。《説文》亦概不言聲。

王 王（wáng）一貫三爲王。三者，天地人之道也，而參通之者，王也。此字从三从丨，而丨貫乎三之中，是由部位見意者也。下放此。

【按】王，古文作𐤕、王，或以爲斧鉞之形，以武器象徵王權。

閏 閏（rùn）《周禮》曰：“閏月，王居門中終月。”

班 班（bān）分瑞玉也。从珏，从刀。

莫 莫（mù）日且冥也。从日在茻中。俗作“暮”。

小 小（xiǎo）“丨”之爲形已小，又從而八之，愈小矣。八者，分也，在“丨”之左右以見意。

介 介（jiè）从人，从八。人各有介。

【按】介，《説文》：“畫也。”指介畫、界限。

局 局（jú）促也。从口在尺下，覆局之也。

㕯 㕯（nè）同“訥”。口在内中，訥之意也。

𤽄 𤽄（dēng）音登。禮器也。从廾持肉在豆上。《詩》“于豆于登”，假借字。俗作“登”。

卑 卑（bēi）執事之賤者。从𠂇，古“左”字。左卑，故在甲下。

肅　肅（sù）从聿在㟹上，戰戰兢兢也。

【按】肅，《說文》:"持事振敬也。"恭敬的樣子。

盥　盥（guàn）古玩切。澡手也。从臼水臨皿。

益　益（yì）水在皿上，增益之意也。

【按】益，甲骨文作 ，、 ，，象器皿中裝滿水外溢之形，是"溢"的初文。

丂　丂（kǎo）苦浩切。气欲舒出，丂上礙於一也。丂，古"乃"字，古文以"丂"爲"于、巧"二字。

号　号（háo）胡到切。痛聲也。从口在丂上。

內　內（nà）自外而入也。从入，从冂。

尣　尣（yín）余箴切。淫淫行皃。从人出冂。

【按】段玉裁注:"尣尣，各本作淫淫，今依《玉篇》《集韻》《類篇》正。"尣的本義是行進的樣子。一音 yóu，尣豫，同猶豫。

央　央（yāng）中央也。从大在冂之内。

崔　崔（hú）胡沃切。高至也。从隹上欲出冂。

【按】高至，即至高、極高。

桀　桀（jié）磔也。从舛在木上。

【按】磔,音 zhé,指古代祭祀時分裂牲畜肢體。因此,桀有凶暴、殘暴義。

杲 **杲**（gǎo）古老切。明也。从日在木上。

杳 **杳**（yǎo）烏皎切。冥也。从日在木下。

東 **東**（dōng）从日在木中。日升扶桑之謂。

【按】東,甲骨文作**東**,象收緊兩端的口袋之形,是"束"的初文。小篆"東"字理據重構,結合了學者對文字構形的理解,表示"東方"之"東"。

之 **之**（zhī）出也。从屮,从一。一,地也。

【按】之,古文作**之**,象止(腳)離開某地前往他處。小篆時,上部分變化作"屮",象草木之形,以"一"指地面,進行了理據重構,表示生出。出,生出、滋長。

生 **生**（shēng）進也。从屮,从土。

【按】段玉裁注:"象艸木生出土上。"會意滋生,生長。

先 **先**（xiān）之在人上,是在先也。

【按】先,甲骨文作**先**,象腳趾在人之上,表示領先、前往義。

生 **生**（huáng）音皇。艸木妄生也。从屮在土上。古文作"宝",往、枉、狂、尫、汪、匡皆从之。隸變爲"主"及"王"。

【按】妄生，段玉裁注謂“猶怒生”，徐鍇繫傳謂“非所生而生”，非其時而生，不加約束，即是妄生。

喿 （zào）鳥鳴也。从品在木上。俗作“噪”。

柬 （jiǎn）分别簡之也。从八在束中，於束中柬擇之也。

囷 （qūn）去倫切。从禾在囗中。

【按】許慎釋爲“廩之圜者”，即圓形的穀倉。

囚 （qiú）从人在囗中。

【按】人在囗（wéi）中，會意拘禁。

束 （shù）从囗、木。

【按】即《説文》所謂“縛也”。

困 （kùn）故廬也。从木在囗中。

【按】王筠以爲是故舊的家。古文字“困”作，象樹木生長，四周有圍擋。

圂 （hún）胡困切。廁也。从豕在囗中。

早 （zǎo）从日在甲上。

【按】早，即晨也。

旦 （dàn）从日見一上。一，地也。

【按】《説文》：“旦，明也。”

秉 （bǐng）把也。从又持禾。

兼 （jiān）从又持二禾。

【按】《説文》："并也。"即合併。

臽 （xiàn）同"陷"。小穽也。从人在臼上。案：此棄臼之謂也。

【按】穽，同"阱"。

寒 （hán）从人在宀下，以茻上下薦覆之，下有仌。

【按】仌，"冰"的古文。寒，《説文》"凍也"，本義是寒冷。

穿 （chuān）从牙在穴中。

【按】穿，《説文》："通也。"

突 （tū）犬從穴中暫出也。

竄 （cuàn）七亂切。匿也。从鼠在穴中。

庫 （kù）兵車藏也。从車在广下。

犮 （bá）音撥。走犬皃。从犬而厂之，曳其足則剌犮也。厂，同"曳"。

光 （guāng）从火在人上。光明意也。

炙 （zhì）从肉在火上。

【按】炙，《説文》："炮肉也。"即燒烤肉類。

夾 夾 （jiā）持也。从大，侠二人。

【按】侠二人，段玉裁注作"夾二人"。

立 立 （lì）从大在一之上。

【按】立，段玉裁注："侸也。"侸（shù）也是立，同義互訓。立的本義是站立，引申表示位置，後分化出"位"字。

困 困 （yuān）从囗、水。變爲"𣶒"，再加水爲"淵"。

原 原 厵 （yuán）水泉本也。从泉出厂下。

【按】水泉本，泉水的出處，即"水源"之"源"的古字。

巛 巛 （zāi）即"灾"字，害也。从一雝川。災、甾从之。

【按】雝，堵塞。

屚 屚 （lòu）盧后切。屋穿水下也。从雨在尸下。尸者，屋也。

閒 閒 （jiàn）隙也。从門中見月。

閑 閑 （xián）闌也。从門中有木。

【按】闌，指柵欄。

閃 閃 （shǎn）失冉切。闚頭門中也。

【按】"闚（kuī）頭門中"，在門内探頭窺視。

闖 闖 （chèn）丑禁切。馬出門皃。

毋（wú）止之也。从女，有姦之者，禁止之，令毋姦也。

乂（yì）芟艸也。从丿乀相交。

【按】芟，音 shān，割草。

氐（dī）古“柢”字。从氏下著一。

【按】柢，音 dǐ，指樹木的根，引申有根本義。

戍（shù）从人荷戈。

【按】從人持戈，會意戍守，即《説文》“守邊也”。

或（yù）古“域”字。从口，从戈，以守一。

區（qū）踦區，藏匿也。从品在匸中。品，衆也。

【按】踦區，今作崎嶇。匸内藏衆多的物品，高低不平。

恆（héng）从心，从舟，在二之間。上下一心以舟旋，恆也。

坐（zuò）从二人在土上。篆文作“㘸”，从畱省。

堯（yáo）从垚在兀上。高遠也。

輦（niǎn）力展切。輓車也。从㚘在車前引之。

【按】輓車，即引車。㚘，音 bàn，象並行的二人。

辯（biàn）治也。从言在辡之間。案：辡有分别意，故辨从刀，辧从瓜，辮从糸，[illegible]从目，辬从文，未有不在其間者也。

字 宇（zì）乳子也。从子在宀下。

【按】乳子，生孩子。

辱 辱（rǔ）恥也。从寸在辰下。失耕時，於封畺上戮之也。

戌 戌（xū）五行土生於戊，盛於戌。从戊含一。一，地也。陽入地也。

壹 壺（yī）壺（yūn）壺《易》曰"天地壹壺"，今本作"絪縕"。它書或作"烟煴"。此合兩字乃成義者，爲會意之奇變。壹壺者，交密之狀，元气渾然，吉凶未分，故一从吉，一从凶，不定之詞也。而吉凶皆在壺中者，壺，盛物之器。壹壺乃將泄未泄之時，故从之也。

　　右即字之部位見意者，凡七十三文。○與順遞爲意一類，以其意見於形，故別輯之。不入兼指事者，彼尤明著也。○兼聲者，閏、原、堯、輦、辯、字、壹，凡七字。

祘 祘（suàn）音算。明示以算之也。

珏 珏（jué）古岳切。同"瑴"。二玉相合爲一珏。

【按】瑴，音 jué，玉名。

仈 仈（bié）古"別"字，分也。

叩 **吅**（xuān）音讙。驚嘑也。

廿 **廿**（niàn）人汁切。二十并也。

誩 **譶**（jìng）音競。競言也。

【按】競言，即爭論。

拜 **艸**（gǒng）同"廾"，即"拱"字。

友 **ヨ**（yǒu）同志爲友。从二又相交。

【按】友，甲骨文作 **ㄓㄓ**，象順著一個方向的兩隻手，表示相助。本義是志同道合的朋友。

眲 **䀠**（jū/jù）拘、瞿二音。左右視也。

皕 **皕**（bì）音祕。二百也。

雔 **雦**（chóu）音酬。雙鳥也。

丝 **丝**（yōu）音幽。微也。从二幺。

兹 **兹**（zī/xuán）音滋，又音玄。黑也。艸部"茲"从艸，絲省聲。此也，益也。今並用"茲"。

哥 **哥**（gē）聲也。从二可。

【按】哥，本義指歌聲，後作"歌"。常被用來表示兄長義。

虤 **虤**（yán）古閑切。虎怒也。

林 㭰（lín）从二木。謂木与木相連屬也。

甡 甡（shēn）眾生竝立之皃。

賏 賏（yīng）音嬰。頸飾也。

弓 弓（xián）胡先切。艸木马盛也。

【按】马，音 hàn，草木含芭待放的樣子。

多 多（duō）重也。夕者，相繹也。故重夕爲多。

棗 棗（zǎo）从重束。

【按】棗的本義是棗樹。《説文》云"羊棗也"，是以小名釋大名。

棘 棘（jí）从並束。

【按】許慎謂"小棗叢生者"，段玉裁注："未成則爲棘而不實，已成則爲棗。"棗樹多刺，故棘以棗舉例。

秝 秝（lì）音歷。稀疏適歷也。从二禾離立。

【按】"稀疏適歷"，稀疏均匀的樣子。

瓸 瓸（yǔ）音庾。本不勝末，微弱也。从二瓜。

【按】段玉裁注："本者，蔓也。末者，瓜也。蔓一而瓜多，則本微弱矣。"

从 从（cóng）相聽也。此順從之正字。從音縱，隨從也。

今竝用"從"。

兓 兓（jīn）子林切。兓兓，銳意也。

覜 覜（yào）弋笑切。竝視也。

顨 顨（zhuàn）士戀切。選具也。
【按】選具，段玉裁注："選擇而共置之也。"本義是選擇陳列。

豩 豩（sì）息利切。希屬。古文作"豩"。
【按】希，音 yì，長毛豬。詳參上文"希"字。

狘 狘（yín）語斤切。兩犬相齧也。
【按】齧，音 niè，啃咬。今作"嚙"。

炎 炎（yán）火光上也。

赫 赫（hè）火赤皃。

夶 夶（bàn）古"伴"字。並行也。

竝 竝（bìng）併也。
【按】竝的本義是並列、並行，與合併的併有別。

州 州（zhōu）水中可居曰州。从重川。俗別作"洲"。

龘 龘（dá）音沓。飛龍也。

臸 臸（rì）人質切。到也。

聑 聑（tiē）丁帖切。安也。

【按】安，安適、妥當。

奻 奻（nuán）女還切。訟也。

戔 戔（cán）賊也。

【按】戔，甲骨文作 戔，象正立和倒立的兩戈之形，會意殘殺。當是"殘"的初文。賊，《說文》釋爲"敗也"，即毀壞、傷害義，與古文相通。戔，又音 jiān，表示淺少之意。

弜 弜（jiàng）其兩切。彊也。

蚰 蚰（kūn）此"昆蟲"之"昆"之正字。蟲之總名也。

圭 圭（guī）瑞玉也。从重土。

畺 畺（jiāng）即"疆"字。比田也。

辡 辡（biǎn）方免切。罪人相与訟也。

　　右疊二成字者，凡四十五文。〇已別見者不再出。〇兼聲者，廿、友、䣜、絲、玆、哥、㸬、稀、䂖，凡九字。

𠔖 𠔖（yú）二余也。讀与余同。

炎 炎（lǐ）力几切。二爻也。

从 从（liǎng）良獎切。二人也。

棘　棘（cáo）二束也。字書音曹。

【按】棘，一音 zāo，指日出的光明。

㚒　㚒（shēn）所臻切。進也。

【按】進，進取。

卵　卵（zhuàn）士戀切。二卩也。

屾　屾（shēn）所臻切。二山也。

豩　豩（bīn/huān）伯貧、呼關二切。二豕也。

冰　冰（zhuǐ）之壘切。二水也。

鱻　鱻（yú）音魚。二魚也。

所　所（yín）語斤切。二斤也。

　　右同前，而吾疑其即是一字，故別輯之，凡十一文。○古人字好茂密，如亙作竸是也。粂、鱻之音，又同余、魚，故吾疑之，即觀其云二厶也亦可見。○厶，古“某”字。

芔　芔（huì）艸之總名也。

㗊　㗊（zhé）古“哲”字。

品　品（pǐn）衆庶也。

卅 卅（sà）音撒。三十并也。

譶 譶（dá）徒合切。疾言也。

羴 羴（shān）同"羶"。羊臭也。

雥 雥（zá）徂合切。群鳥也。

森 森（sēn）木多皃。

晶 晶（jīng）精光也。

【按】晶，古文作 ⊙⊙⊙、⊙⊙⊙，象群星散列的樣子，是"星"的初文。

晶 晶（jiǎo）音皎。顯也。

【按】晶，一音 xiǎo，皎潔、明亮。

似 似（yín）音吟。眾立也。

毳 毳（cuì）此芮切。獸細毛也。

磊 磊（lěi）眾石也。

驫 驫（biāo）甫虯切。眾馬也。

麤 麤（cū）音粗。行超遠也。

猋 猋（fù）芳遇切。疾也。

猋 猋（biāo）甫遙切。犬走皃。

【按】犬走皃，狗奔跑的樣子。

焱 焱（yàn）以冉切。火華也。

惢 惢（suǒ）音瑣。心疑也。

灥 灥（xún）祥遵切。三泉也。

鱻 鱻（xiān）音鮮。新魚精也。
【按】新魚精，新魚精美，會意新鮮。

聶 聶（niè）尼輒切。附耳私小語也。

姦 姦（jiān）私也。
【按】私，奸邪。

垚 垚（yáo）音堯。土高也。

劦 劦（xié）音叶。同力也。

轟 轟（hōng）呼宏切。群車聲也。

孨 孨（jiǎn）音翦。謹也。
【按】孨，今音 zhuǎn。

　　右疊三成字者，凡二十七文。○兼聲者，畾、猋、灥三字。而則三十兩字之合音也。

茻 茻（mǎng）模朗切。音网。衆艸也。

品 𣜩（jí）音戢。衆口也。

珡 珡（zhǎn）知衍切。極巧視之也。袞、屢從之。今並變爲“展”。

三 三（sì）籀文“四”字。

右疊四成字者，凡四文。

癶 癶（bō）音撥。足剌癶也。止，右足。少，左足。兩足箕張，是剌癶也。

【按】足剌癶，兩個腳掌向外張開行走的樣子。

登 𤼲（dēng）上車也。從癶，豆象登車形。

步 步（bù）與“癶”均從止、少，而此兩足相接，是步也。《爾雅》“堂上謂之步”，《禮記》“堂上接武”，就此字之形觀之，即得其意。

【按】少，音 tà，《説文》“蹈也”，踩踏。

舁 舁（yú）音余。共舉也。從臼、廾，四手也。兩人共舉一物也。

廾 廾（gǒng）古“拱”字。屮，左手。⺕，右手也。兩手相向，是拱揖也。

夅 夅（xiáng）此“因壘而降”之“降”之正字。從夂、牛相承,不敢竝也。降,下也。

【按】"因壘而降",語出《左傳·僖公十九年》:"文王聞崇德亂而伐之,軍三旬而不降,退修教而復伐之,因壘而降。"文王聽説崇侯虎德行昏亂而去討伐,攻打了三十天,崇侯虎都不投降。於是就退兵回來,進一步修明教化,再去攻打,依然憑靠以前所築的壁壘(未建新的壁壘,也没有增加兵力),這時崇侯虎投降了。這個歷史故事宣揚德行教化的重要性。

鬭^① 𨷖(pì)古"鬭"字。从門,从虤。

亙 亘(gèn)古鄧切。竟也。从舟,二象兩岸。舟抵兩岸,是竟之也。

舂 舂(chōng)从廾持杵臨臼上。午,杵省也。

亘 回 𠄢(xuān)須緣切。从二,从回,上下回亘以求之也。古文形尤明顯。

　　右兼指事者,凡十文。

牢 牢(láo)閑,養牛馬圈也。从牛,从冬省,取其四周帀也。

① 底本無楷書字頭,今補。

萑 （huán）胡官切。鴟屬。从隹,从丫,有毛角也。

夒 （náo）古"猱"字。奴刀切。似人,故从頁,巳、止、夂,其手足也。

氒 （jué）或作"氒、氒"。音橛。木本也。从氏,从一,其貫於一下者,根在地下也。

　　右兼象形者,凡四文。○四字皆物也,而合它字以爲形。以上九類皆正例也。

嬲 （níng）女庚切。此"槍攘"之"攘"之正字。亂也。从爻、工、交、叩,已象交構形。襄、囊从之。

【按】槍攘,紛亂的樣子。

葬 （zàng）从死,在茻中,"一"則薦之之物之形。

【按】葬,《說文》:"藏也。"本義是人死後蓋上草席埋藏在叢草中。

爨 （cuàn）炊也。冂象甑形,臼以持之,冂爲竈口,廾推林內火。

【按】甑,音 zèng,古代蒸飯的一種炊具。內,音 nà,今作"納"。

父 （fù）从又舉杖。

【按】從手舉杖,會意家長、父親。

反 月（fǎn）从又，厂象形。案：反當爲"阪"之古文，故从厂。特"又"字不可解，或是通體象形。本作月，与戶、戶相似，後人斷之耳。

【按】阪，山坡。反的構意不明，有學者認爲它是"扳"的初文，取攀爬義。

疐 （zhì）陟利切。礙也，不行也。从更，从止，引而止之也。冂象牽馬之韁。

鼓 （gǔ）从壴，殳①象其手擊之也。

【按】鼓的甲骨文作、，象手持鼓槌敲打鼓的樣子，本義是擊鼓，後引申表示名詞鼓。《左傳》："一鼓作氣，再而衰，三而竭。"用的就是擊鼓義。

腦 （nǎo）頭髓也。从囟，从匕，相比著也。"巛"象髮。

夔 （kuí）渠追切。即"魖"也。如龍一足，从夂，象有角、手、人面之形。案：此字較夒多兩角耳，亦以會意爲形者也。

【按】魖，音xū，古代傳説中能損耗人類財物的鬼。

夫 （fū）从大，"一"象簪。

【按】夫，《説文》："丈夫也。"

① 大徐本《説文》作"攴"。

開 開（kāi）从廾，兩手開門也。“一”象扃形，小篆斷一
爲“--”，又直 ㄇ 爲廾，遂成开矣，非从开聲也。

右於會意外加一形者，凡十一文。○不入會意定象形
者，彼以形爲主，此合全字乃成意也。即如“開”字，兩手
奉扃以開門，其意不以扃爲主也。

屯 屯（zhūn/tún）難也。从屮貫一。一，地也。屮曲其
尾，所以會難意也。

芻 芻（chú）既刈之艸，包束之。艸分爲兩而各包之，便
於擔荷也。勹，同“包”。

折 折（zhé）古“折”字。从斤斷艸，變艸爲屮，以見其
爲已斷也。

屰 屰（è）音櫱。語相訶距也。从口距辛。辛，惡聲也。
案：此訛詐之正字。言，从口辛聲；夸曲其尾，非徒与“言”
相避也，乃以見距之之意也。俗作“啐”，非。
【按】“語相訶距”，説話讓人住嘴。距，音 jù，古同“拒”。

十 十（shí）數之具也。五之古文作 ✕，四通八達之意。
十从 ✕ 而正之，仍是此意。二五爲十，故从之也。

北 北（běi）从兩人相背。北者，人之所背也。右“人”
已變爲“匕”，而仍謂之人者。如 夾、坐 之左“人”，亦變如

"匕",非變不足見意也。

北 北（guàng）音誑。乖也。从二臣相違。

舛 舛（chuǎn）昌兖切。對臥也。从二夊相背。

澀 澀（sè）亦作"濇"。俗作"澀"。不滑也。从四止，而上二止倒者。兩人相悟之狀也。

誖 誖（bèi）古"悖"字。从二或，而下一或倒者。兩人諄逆之狀。

　　右从其字而變其字之形者，凡十文。○吾因西嶽華山廟額戀字、《度尚碑》"讎"字推之，知狀當作㣇，雦當作雛，乃足見意也。

彳 彳（yǐn）余忍切。長行也。从彳引之。彳，小步也。引之則長行也。

世 世（shì）三十年爲一世。从卅而曳長之，因取曳聲。

丰 丰（fēng）艸盛丰丰也。"生"篆作"㞢[1]"，"丰"从生而達於下，以見其盛也。

无 无（wú）"無"之奇字也。許君凡兩説：前説"通于元

_____

① 大徐本《説文》小篆作"㞢"。

者",虛無道也,謂"元"字之丿在二之下,"无"字之丿貫乎二也,是較"元"字少增以見意;後引王育説"天屈西北爲无",謂"天"字之乀不屈,"无"字之乚則屈,是少變"天"字之形以會意也。吾用其前説者。元、无、去、兀皆是二,禿去人則兀不成字也。

　　右就本字而少增之即足會意者,凡四文。

菡 菡（shǐ）糞也。从艸,象其蕪穢也。从胃省者,已自胃而出也。《左傳》《漢書》皆借"矢"。俗作"屎"。

谷 𠔦（yǎn）山間陷泥地。从口,从水敗皃。字亦作"沇",又變作"兗"。

彳 彳（chì）丑亦切。小步也。从半行。

支 支（zhī）去竹之枝也。从又持半竹。

晝 晝（zhòu）从日,从畫省。畫者,界也。晝与夜爲界。

隶 隶（dài）徒耐切。及也。从又,从尾省。又持尾者,从後及之也。尾乃譬況之詞,非真尾也。"及"字从人,从又,亦又在人之後。

几 几（shū）音殊。鳥短羽飛几几也。省飛爲乙,省乙爲几。

罙 罙（dá）徒合切。目相及也。从目，从隶省。

昔 䒑（xī）古“腊”字。从殘肉，日以晞之。

【按】晞，音xī，曬乾。後“昔”字假借表示“昨”，與“今”相對。

再 再（zài）一舉而二也。

【按】段玉裁注：“凡言再者，重複之詞。一而又有加也。”

冓 冓（chēng）處陵切。并舉也。再、冓皆从冓省，葢以冓字摺疊，合兩爲一也。一舉其中爲“再”，爪舉其中爲“冓”，此省而不省者也。

【按】一手抓二，所以是并舉。段玉裁注：“凡手舉字當作冓，凡偁揚當作偁，凡銓衡當作稱，今字通用稱。”區別了冓、偁、稱三字。

歺 歺（è）音櫱。列骨之殘也。从半冎。

冎 冎（guǎ）古瓦切。俗作“剮”。从骨省。別从之。

【按】冎，《説文》：“剔人肉置其骨也。”即割肉剔骨，封建社會時期有此刑罰。

不 朮（è）古“櫱”字。从木無頭。

【按】不，《説文》：“伐木餘也。”從木無頭會意。

梟 梟（xiāo）不孝鳥也。日至捕梟磔之。从鳥頭在木上。

夕 夕（xī）从月半見。

【按】夕，《説文》：“莫也。”莫即今“暮”字的初文。日落西山，月亮剛剛升起，故曰“从月半見”。

片 ﬁ（piàn）判木也。从半木。

【按】木字小篆作 ﬀ，片從其一半構形。判木，一分爲二的木。

慶 慶（qìng）行賀人也。从心从夊。吉禮以鹿皮爲摯，故从鹿省，猶之虍爲虎文也。

〈 〈（quǎn）古“畎”字。

【按】〈，《説文》：“水小流也。”指田間小水溝。

〈〈 〈〈（kuài）古“澮”字。川篆作“川”，省一筆爲“〈〈”，小於川也。再省一筆爲“〈”，又小於“〈〈”也。

谷 谷（gǔ）从水半見出於口。

【按】谷，《説文》：“泉出通川爲谷。”指兩山之間狹長而有出口的低地，往往有水流匯聚。甲骨文谷字作谷，上象水形，下象出口。小篆構意與甲骨文保持一致，會意山谷。

非 非（fēi）違也。从飛下翅。

【按】非，古文作ﬂ、ﬁ，象鳥兒左右的翅膀，由 飛（飛）省體而來。由左右翅膀相對會意違背。

卂 卂（xùn）息晉切。疾飛也。从飛而羽不見。

俎 俎（zǔ）从半肉在且上。

【按】俎，《説文》："禮俎也。"即古代祭祀時擺放祭品的器物。今常用義爲砧板。

了 了（liǎo）𡧛也。𡧛，行脛相交也。从子而省兩臂。

【按】𡧛，音 liào。"行脛相交"，行走時足脛相交，糾纏而難以行走。了象小兒在襁褓中無法行走，與𡧛義相似。

孑 孑（jié）居桀切。無右臂也。从子而省右臂。

孓 孓（jué）居月切。無左臂也。从子而省左臂。

　　右省文會意者，凡二十七文。〇雖省而不於省得意者，入順遞並峙。

少 屮（tà）音撻。蹈也。从反止。

乏 乏（fá）"正"以受矢，"乏"以蔽矢，故反正爲乏。

【按】正爲中箭，乏爲避開箭矢，此字屬於反文會意。

亍 亍（chù）音畜。丑玉切。步止也。从反彳。

𢫫[①] 𢫫（pān）古"攀"字。引也。从反廾。人有所𢫫引，則兩手向外，故不云从𠂇又相背，而曰从反廾。隸从𢫫者，皆變爲"大"。

---
① 底本無楷書字頭，今補。

不 爪（zhǎng）此"執掌"之"掌"之正字。从反"爪"。

𠧧 𠨣（zòu）則候切。卪也。从反卪。

【按】卪，音 jié，《説文》以爲"瑞信"，即美好的信物。古文字的卪作 𦎧、𦎟，象人跪跽之形，突出關節部分。因此有學者認爲它是跪、𨾐（膝）的初文。

㞋 𢇍（jú）居玉切。持也。从反丮。𠧧反卪而義同卪，㞋反丮而義同丮者。卪𠧧即節奏之正字，丮㞋即戟捄之正字，皆連語也。

巳①丂（hē）音呵。从反丂。

【按】丂，音 kǎo，《説文》："气欲舒出，勹上礙於一也。"氣受阻礙而無法舒出。

叵 叵（pǒ）普火切。不可也。从反可。此大徐新附字，以時俗恒用，故仍采之。

牛 午（kuà）苦瓦切。同"跨"。步也。从反夂。夅、䰞从之。

【按】䰞，音 guō，同"鍋"。

邑②𠻘（yì）从反邑。《説文》無音義。

---

① 底本無楷書字頭，今補。
② 底本無楷書字頭，今補。

匕 （bǐ）比也。君子周而不比，相比是反人道也，故從反“人”。○此即象形篇“匕”字，《説文》兩義竝之一字。竊以爲未安，故分收之。

比 （bǐ）密也。从反从。

【按】比，甲骨文作 、 ，象兩人相並，會意並列，引申有親密義。

肩 （yī）於機切。歸也。从反身。此“歸依”之“依”之正字。

旡 （jì）居未切。飲食气屰不得息也。从反欠。

司 （sī）臣司事於外者。从反后。

抑 （yì）按也。从反印。

丸 （wán）从反仄。仄，傾側也。丸則正圓矣。

辰 （pài）古“派”字。水之衺流別也。从反永。

繼 （jì）古“繼”字。从反㡭。㡭，古“絶”字。

卯 （mǎo）酉 （yǒu）卯爲春門，萬物已出；酉爲秋門，萬物已入。出入之意不可象，故借門象之。酉从反“門”，酉不可从反“卯”，故連其上以見意。

　　右反文會意者，凡二十二文。○業已反之倒之，何以爲會意？則以合本字之意而思之，乃可得其意也。

臼 𦥑（jū）居玉切。叉手也。从倒𠬞。

幻 𠄔（huàn）胡辨切。惑也。从倒予。

厚 𠪋（hòu）同"厚"。从倒㫗。㫗，獻之於上也。反而施之下，則厚矣。

帀 帀（zā）子荅切。周也。从倒㞷。㞷者，出也，出而倒之，則反其故處，是周帀也。

七 𠤎（huà）變也。从倒人。此"變化"之正字。化，教行也，乃"教化"字。今合爲一。

尾 尾（wěi）从倒毛在尸後。犀、屬皆从古尾字。

県 県（jiāo）此"梟首"之"梟"之正字。从倒首。

𠫓 𠫓（tū）同"突"。不順忽出也。从倒子。古文𠃜 从倒古文𡿺。流、疏、毓从之。

以 㠯（yǐ）用也。从倒𠂤。

　　右倒文會意者，凡九文。

爾 爾（ěr）麗爾，猶靡麗也。从冂，从㸚，其孔㸚。尒聲。
【按】靡麗，華麗。尒，音 ěr，《玉篇》人部："尒，亦作爾。"

爽 爽（shuǎng）明也。从㸚，从大。徐楚金曰："大，其中縫隙光也。"案：爾、爽二字，皆取窗櫺之意，其空白處乃字義也。

邟 𨙻（xiàng）即"巷"字也，从反正兩邑。許君云："鄰道也。"兩邑祇有鄰意，所謂道者，以中間空白爲路也。

隊 𨸏（suì/fù）似醉、房九二切。蓋即"隧"字也。許君云："兩𨸏之間。"其意重"間"。"大風有隧，有空大谷"，是其意也。

　　右意不在字中，轉在空白之所者，凡四文。

建 逮（jiàn）立朝律也。从聿，从廴。案：律者，均布也，故从彳。聿即筆也，筆之於書也。"聿"尚無律意，而"建"以从聿爲律者，因律从聿也。

𤯔 𤯔（hán）音函。和也。从甘，从麻。麻，調也。甘亦聲。案：麻，治也，無調意。秫，稀疏適歷也。適歷有調和意，是由麻所从之秫得意也。

望 𦣠（wàng）月滿与日相望，似臣朝君。从月，从臣，从壬。壬，朝廷也。案：以廷从壬而謂壬爲廷。

宰 宰（zǎi）辠人在屋下執事者。从宀，从辛。辛，辠也。案：辛，罪也。辛从辛，因有罪義。

報 𡎝（bào）當罪人也。从𡨄，从㞑。㞑，服罪也。案：此因服从㞑而㞑遂有服意。當者，今之照律定罪也。

右所从之字不成意，轉由所从之字之所从，与从所从之字者以得意也，凡五文。

吏 𠁬（lì）治人者也。从一，从史，史亦聲。○意中有聲，故云亦聲，下竝放此。不悉記，惟其聲不易見者乃記之。

禷 禷（lèi）以事類祭天神也。

【按】"以事類祭天神"，因爲事情祭祀天神。當是祭祀的一種。

禮 禮（lǐ）履也。所以事神致福也。从示，从豊，豊亦聲。

【按】禮，用來侍奉神靈招求福瑞的禮儀制度。

祏 祏（shí）木主石函也。《禮》有"郊宗石室"。

【按】"木主石函"，即宗廟之主。"郊宗石室"，周代宗廟供奉遠祖之神主的地方。

禜 禜（yòng）設緜蕝爲營，以禳風雨雪霜水旱癘疫于日月星辰山川也。从示，營省聲。

【按】緜蕝，棉絮茅草。禳，音 ráng，去除。

禬 禬（guì）會福祭也。

【按】禬，古代去除疾病災禍迎接福瑞的祭祀。

琥 琥（hǔ）發兵瑞玉，爲虎文。

瓏 瓏（lóng）禱旱玉，爲龍文。

瑁 瑁（mào）諸侯執圭朝天子，天子執玉以冒之。

【按】瑁，天子所執之玉，接見諸侯時用以覆合諸侯，因覆於圭上，故稱爲瑁。

珩 珩（héng）佩玉有聲，以爲行節。

【按】段玉裁注："珩，佩上玉也。"

珥 珥（ěr）充耳也。

【按】珥，《説文》"瑱也"。瑱，以玉充耳也，即一種珠玉耳飾。

琀 琀（hán）胡紺切。送死口中玉也。

𠁳 𠁳（chǎn）丑善切。旌旗杠皃。从丨，从㫃，㫃亦聲。

芬 芬（fēn）艸初生，其香分布。

苷 苷（gān）甘艸也。

葻 葻（lán）音婪。艸得風皃。

甾 甾（zāi）不耕田也。从田，从𡿧，𡿧亦聲。亦作"菑"。

䔺 䔺（lèi）盧對切。耕多艸。

【按】茉，耕作的名稱，耕除多草。

莽 㲳（mǎng）南昌謂犬善逐兔艸中爲莽。

胖 胖（pàn）普半切。半體也。《儀禮》"夫妻胖合也"，宋版《釋文》作"胖"。

【按】胖，《説文》"半體肉"，指祭祀用的半體牲。一曰"廣肉"，指大塊的肉。今常音 pàng，從大塊肉引申表示肥胖。

牭 牭（sì）息利切。四歲牛。

犓 犓（chú）以芻莝養牛也。此"芻豢"之"芻"之正字。

【按】芻，本義是割草，引申之爲喂養牲畜的草料。莝，音 cuò，鍘碎的草。芻豢，泛指牛羊豬狗等牲口。

牽 牽（qiǎn）喫善切。牛很不從引也。

【按】很，同"狠"。牽，牛凶狠不服牽引。

氂 氂（lí/máo）里之、莫交二切。犛牛尾也。从犛省，从毛。

單 單（dān）大也。从吅，吅亦聲。甲者，車之省。《博古圖》"斬"字，有从𤔲、單者，是其證。

右 右（yòu）助也。从口，从又，又亦聲。

喪 喪（sāng）亡也。从哭、亡，亡亦聲。

遌 遻（è）五各切。相遇驚也。

【按】相遇驚，意外相見。

返 䢾（fǎn）還也。

選 𨕖（xuǎn）遣也，擇也。巽遣之。

【按】遣，遣送、放逐。

齨 齨（jiù）其久切。老人齒如臼也。

齰 齰（huá）戶八切。齧骨聲。

【按】齧，音 niè，同"嚙"，啃咬。

觭 觭（qī）去其切。虎牙尖，故从奇、牙。

疏 𤕟（shū）音疏。門戶疏窗也。从疋，从囪，疋亦聲。

㳂 㳂（shū）音疏。通也。从爻，从疋，疋亦聲。案：𤕟、㳂今皆借"疏"爲之。

舌 舌（shé）舌在口中，物入口，必干於舌。干亦聲。

【按】舌，甲骨文作 、 ，象伸出舌頭之形，邊有口水。小篆理據重構，以爲從干、口會意。

拘 拘（jū）止也。从句，从手，句亦聲。

【按】段玉裁注："手句者，以手止之也。"本義是制止、拘禁。

笱 筍（gǒu）曲竹捕魚笱也。

鉤 鉤（gōu）曲也。

【按】段玉裁注：“曲鉤也。鉤字依《韵會》補。曲物曰鉤，因之以鉤取物亦曰鉤。”即鉤子。

丩 丩（jiū）居虯切。艸之相丩也。

【按】丩，今作“糾”。

糾 糾（jiū）繩三合也。

【按】段玉裁注：“凡交合之謂之糾。”即糾纏義。

博 博（bó）大通也。从十，从尃。尃，布也，亦聲。

詵 詵（shēn）致言也。从言，从先。

【按】致言，發言、詢問。

誥 誥（gào）告也。

詔 詔（zhào）誥也。

警 警（jǐng）戒也。

訥 訥（nè）言難也。从言，从內，內亦聲。

誼 誼（yì）人所宜也。从言，从宜，宜亦聲。“仁義”古作“仁誼”，“威儀”古作“威義”。儀者，度也。

訆 𧥣（kòu）苦后切。扣也。如求婦，先訆叕之。

【按】訆叕，依唐寫本《玉篇》作"訆發"，即扣問發端。

業 𦆞（pú）蒲沃切。瀆業謂煩辱之事也。从丵，从廾，廾亦聲。

僕 𠊥（pú）从人，从業。

【按】段玉裁注："給事者。《周禮》注曰：'僕，侍御於尊者之名。'"古代侍奉尊者的人稱爲僕人。

龺 𥻦（bān）音頒。賦事也。从業，从八。八，分之也，亦聲。

【按】賦，布也。賦事，段玉裁注："以煩辱之事分責者之人也。"把事情安排下去就是龺。

樊 𤕦（fán）騺不行也。从𠬞，从棥。

晨 𦟲（chén）食鄰切。早也。从臼，从辰。臼辰者，言早起執事也。今作"晨"。晨，"𦟲"之省文，大火星之別名。

釁 𧸘（xìn）虛振切。血祭也。从爨省，从酉。酉，酒也。从分，分亦聲。

鞣 鞣（róu）耳由切。㮕也。

【按】段玉裁注："㮕同偄，弱也。"㮕，此處讀作 ruǎn。

鞅 鞅（jiá）古洽切。鞎鞅沙也。

【按】鞎鞅沙，段玉裁注：“謂鞎之名鞅沙者也。”王筠《説文解字句讀》認爲，鞅沙或是迦沙之稱。

鬻 鬻（méi/zhōu）武悲切。此“糜”之正字。从弼，从米，米亦聲。俗省作“粥”，音之六切。

叕 叕（zhuì）音贅。卜問吉凶也。从又持祟，祟亦聲。

殳 殳（shū）殳也。

【按】殳，《説文》：“軍中士所持殳也。”殳，音shū，古代的一種武器，用竹木製成。

整 整（zhěng）从攵，从束，从正，正亦聲。

【按】整，《説文》：“齊也。”即整齊。

政 政（zhèng）正也。

【按】政从攴、正會意，手持皮鞭匡正事物，本義是匡正。

潄 潄（liàn）郎電切。辟潄鋋也。从攵，从湅，湅亦聲。

【按】潄，《説文》作“辟潄鐵也”，即鍛煉揀取精鐵。

攽 攽（bān）此“頒分”之“頒”之正字。

敆 敆（hé）古沓切。合會也。

敡 敡（yì）以豉切。侮也。

斁 斁（qún）渠云切。朋侵也。

敊 敊（luàn）煩也。今通用"亂"。

鼓 鼓（gǔ）《説文》讀若屬，《玉篇》之録切，又公户切。擊鼓也。从攴，从壴，壴亦聲。

甫 甫（fǔ）男子美稱也。从用、父。古多借"父"爲"甫"，父亦聲。

遃 遃（yàn）于線切。相顧視而行也。从目，从延，延亦聲。

瞑 瞑（míng）古"眠"字。从目、冥，冥亦聲。

齅 齅（xiù）許救切。以鼻就臭也。

奭 奭（shì）詩亦切。盛也。从大，从皕，皕亦聲。

【按】奭，盛大的樣子。

雊 雊（gòu）古候切。雷始動，雄雉鳴而句其頸。

【按】雊，《説文》："雄雌鳴也。"

蔑 蔑（miè）音蔑。火不明也。从苜，从火，苜亦聲。

【按】段玉裁注："火不明也。按火當作目，淺人所改也。假令訓火不明，則當入火部矣，此部四字皆説目。"其説有理。

瞿 瞿（jù）音句。鷹隼之視也。从隹，从䀠，䀠亦聲。

幽 幽（yōu）从山中丝，丝亦聲。

【按】山中丝（yōu），會意幽隱。《説文》幺部："丝，微也。"

叀 叀（zhuān）同"專"。小謹也。从幺省，从中。中，才見也。中亦聲。

舒 舒（shū）伸也。从舍，从予，予亦聲。

桻 桻（jǐng）疾正切。阬也。从奴，从井。

【按】阬，音kēng，"坑"的異體字。本義是窪地、土坑。

殯 殯（bìn）死在棺，將遷葬柩，賓遇之。

【按】殯，指稱已殮而停著未葬的靈柩。

骿 骿（pián）部田切。并脅也。

【按】并脅，兩根並列的肋骨。

腥 腥（xīng）穌佞切。星見食豕，令肉中生小息肉也。"胜臊"之"胜"从生，亦作"鮏鰵"。

【按】段玉裁注："腥專謂豕不可食者。"因爲豕肉中長了小息肉。

剝 剝（bō）裂也。从刀，从彔。彔，刻割也。

劃 劃（huà）呼麥切。錐刀曰劃。

【按】"錐刀曰劃"，段玉裁注："謂錐刀之末所畫謂之劃也。"即劃開。

齊 齊（jì）在詣切。齊也。

【按】《爾雅·釋言》:“齊,翦齊也。”

刺 刺（cì）君殺大夫曰刺。刺,直傷也。

笙 笙（shēng）正月之音。物生故謂之笙。十三簧,象鳳之身。

筑 筑（zhù）張六切。似箏五弦之樂也。从竹,从巩。巩,持之也。竹聲。

簺 簺（sài）先代切。行棋相塞謂之簺。

【按】簺,古代的一種賭博類遊戲,又叫“格五、博塞”。

迈 迈（jì）同“記”。遒人以木鐸記詩言。从辵,从丌,丌亦聲。《詩》:“往迈王舅。”迈,語助辭也,今譌“近”。

【按】遒人,蓋指輶軒使者,古代君王派出去到民間采集詩歌風物的官吏。

曶 曶（cè）告也。今通用“册”。

【按】段玉裁注:“簡牘曰册,以簡告誡曰曶。册行而曶廢矣。”指古代用竹木片書寫文字來告誡臣民。

可 可（kě）从口,从丂,丂亦聲。

【按】可,《説文》:“肎也。”即肯許、首肯。

吁 吃（xū）从口，从于，于亦聲。

【按】吁，《説文》："驚語也。"即表示驚歎的語氣詞。《蜀道難》："噫吁嚱！"

憙 憙（xǐ）許記切。説也。

【按】段玉裁注："説者，今之悦字。"即喜悦。

愷 愷（kǎi）康也。从心、豈，豈亦聲。

甖 甖（zhù）直呂切。器也。从虍、宐，虍亦聲。

盬 盬（tǎn）他感切。血醓也。

【按】醓，音 hǎi，肉醬。

音 音（pǒu）天口切。相與語，唾而不受也。从否，从 丨，丨亦聲。

阱 阱（jǐng）同"穽"。

【按】阱，《説文》："陷也。"段玉裁注"穿地陷獸"爲阱，即陷阱。

饗 饗（xiǎng）鄉人飲酒也。

【按】饗，古文作𨢋，象兩人對坐飲酒之形，隸定初文作"鄉"。

餽 餽（kuì）俱位切。又音饋。吴人謂祭曰"餽"。

曟　曟（chén）日月合宿爲曟。今通用"辰"。

【按】"日月合宿"，日月交會，即月朔日。

栅　栅（zhà）編樹木也。

枰　枰（píng）蒲兵切。榻謂之枰。又棋枰謂之廣平。

【按】枰，《説文》："平也。"段玉裁注："謂木器之平偁枰，如今言棋枰是也。"棋枰，棋盤。

杻　杻（chǒu）敕九切。械也。从木，从手，手亦聲。

【按】段玉裁注："械當作梏。字從木、手，則爲手械無疑也。"即木製手銬一類的刑具。

糶　糶（tiào）他弔切。从出、糴，糴亦聲。

【按】糴，《説文》釋爲"出穀也"，與市穀之字"糴"構成一對反義詞。

國　國（guó）从囗，从或。或，古"域"字。

【按】國，《説文》："邦也。"大曰邦，小曰國，統稱的時候没有分別。

貧　貧（pín）財分少也。

鄯　鄯（shàn）時戰切。鄯善，西域國也。

岐　岐（qí）古文作"岥"。山有兩岐，故从支。

巷 𢀪 𨞈（xiàng）从邑，从共，共亦聲。

【按】巷，《説文》："里中道。"段玉裁注曰："引伸之凡夾而長者皆曰巷。"

晄 㫚（huǎng）胡廣切。明也。

晛 㫚（xiàn）胡甸切。日見也。

【按】日見，即日氣或日光。

旄 㫚（máo）幢也。

【按】旄，古文作 𤜵、𠂤，初象牛尾之形，後加旗杆。幢，音 chuáng，古時儀仗用的一種裝飾有犛牛尾的旗幟。

棘 㯥（hàn）胡感切。木垂華實也。从木，从弓[①]，弓亦聲。

室 𡩙（shì）从至，至亦聲。

【按】室，古文作 𡩙，從宀，表示屋室。宀下爲"至"字，因此有了息止的含義。

𥥛 𥥆（yuè）於決切。深抉也。

窞 𥦖（dàn）徒感切。坎中小坎也。

窺 𥦗（chēng）敕貞切。正視也。从穴中正見，正亦聲。

---

① 大徐本《説文》作"从木、弓"。

窣 (sū) 穌骨切。从穴中卒出。

【按】"卒、猝"古今字。卒出,突然衝出來。

癥 (jué) 居月切。屰气也。从广,从屰,从欠。或省作"欮"。

瘧 (nüè) 寒熱休作病。

【按】"寒熱休作",段玉裁注:"謂寒與熱一休一作相代也。"瘧是一種寒熱交替發作的疾病。俗稱"瘧子"(yào zi)。

冠 (guàn) 从冂,覆也。从元,首也。从寸,法度也。元亦聲。

【按】冠,《説文》釋爲"絭也",指用來束腰或衣袖的繩子,引申指束髮之物。段玉裁注:"冠以約束髮。"

取 (jù) 寸句切。積也。

羂 (juàn) 古眩切。网也。

罶 (liǔ) 力久切。曲也,魚所留也。

【按】曲,竹製的捕魚器具。

帨 (shuì) 輸芮切。禮巾也。

敝 (bì) 帗也。一曰敗衣。

【按】帗,音 fú,《説文》"一幅巾也",即長寬二尺二寸的布帛。

黺 黺（fěn）此《九章》之“粉”之正字。从黹，从粉省。

仕 仕（shì）學也。

【按】段玉裁注：“訓仕爲入官，此今義也。古義宦訓仕，仕訓學。”學，覺悟也。

佼 佼（jiǎo）下巧切。交也。

【按】佼，本義是私交，與訓“好”義的“姣”後世混用，因此有了“好”的含義。

仲 仲（zhòng）中也。

【按】《釋名》：“仲，中也，位在中也。”引申兄弟排行中第二的位置。

偫 偫（zhì）直里切。儲以待用也。

傾 傾（qīng）仄也。

【按】仄，傾斜。

佮 佮（gé）古沓切。合也。

儥 儥（yù）余六切。賣也。

儗 儗（nǐ）魚紀切。僭也。一曰相疑。

【按】僭，僭越、超過。如《漢書·文三王傳》：“出稱警，入言趯，儗於天子。”帝王出稱警，入稱躍。劉武僭越皇權，同樣出警入躍。

係 係（xì）絜束也。

【按】絜（jié）束，一束麻，引申有束縛義。

化 𠤳（huà）教行也。从匕、人，匕亦聲。

從 𨑡（cóng）慈用切。隨行也。从辵，从从，从亦聲。

衵 𧚎（rì）人質切。日日所常衣。

襧 𧚰（zhǐ）諸几切。䋞衣也。

【按】䋞，音 zhì，縫補。

覽 𥇣（lǎn）觀也。

歊 𪽈（xiāo）許嬌切。歊歊，气出皃。从欠，从高，高亦聲。

歟 𣤁（yǒu）音酉。言意也。

【按】段玉裁注："有所言之意也。意內言外之意。"

欥 𣤟（yù）詮詞也。从欠，从曰，曰亦聲。《詩》"遹駿有聲""聿來胥宇"，遹、聿皆借字，欥其正字也。余聿切。

【按】詮詞，猶助詞。

頮 𩒉（mò）烏沃切。納頭水中也。从頁，从叒，叒亦聲。

頛 𩓥（lèi）盧對切。頭不正也。从耒，耒頭傾也，亦聲。

靦 （miǎn）面見也。

髯 （rán）汝塩切。頰須也。

彰 （zhāng）文章也。
【按】《说文》作"文彰也"，取其彰顯、顯著義。

呴 （hǒu）呼后切。厚怒聲。从口、后，后亦聲。

詞 （cí）意内而言外也。从司，从言，司亦聲。

匌 （gé）疾閣切。帀也。

屵 （è）五葛切。岸高也。从山、厂，厂亦聲。

庆 （zè）"仄"之籀文。
【按】仄，《说文》："側傾也。从人在厂下。" 像是人在崖岸之下斜著腦袋。

硻 （kēng）口莖切。餘堅者。

長 （cháng）从兀，从匕，从倒亡聲。倒亡者，不亡也。
【按】長，《说文》："久遠也。"

耏 （nài）亦作"耐"。罪不至髡也。从而，从彡，而亦聲。
【按】髡，音 kūn，段玉裁注曰："髡者，鬄髮也。不鬄其髮，僅去須鬢，是曰耐。"

馷 馷（bā）博拔切。馬八歲也。

騛 騛（fēi）甫微切。馬逸足也。
【按】馬逸足，疾馳如兔的駿馬。

馼 馼（wén）馬赤鬛縞身，目若黃金。
【按】馼，紅鬛、白身、黃眼的馬。

馺 馺（sà）穌答切。馬行相及也。

猏 猏（yān）乙咸切。竇中犬聲。
【按】竇，孔穴、縫隙。

奘 奘（zàng）徂朗切。妄强犬也。
【按】妄强犬，凶猛强壯的狗。

煣 煣（róu）人久切。屈申木也。

焚 焚（fén）燒田也。

絞 絞（jiǎo）縊也。从交、糸，交亦聲。

悤 悤（cōng）倉紅切。多遽悤悤也。从心、囪，囪亦聲。
【按】遽，音 jù，急促。悤悤，急促的樣子，今簡化作“匆匆”。

愲 愲（gǔ）戶骨切。剶病也。

癳 癳（luǒ）郎果切。膝中病也。

執 𡎴（zhí）捕罪人也。从卂，从𡊮，𡊮亦聲。

頏 𩒉（gāng）同"亢"。

【按】頏，《説文》："人頸也。"

竣 𢼨（gǎng/hàng）岡朗、胡朗二切。直項莽竣皃。从亢，从攴。攴，倨也。亢亦聲。

【按】"直項莽竣皃"，直著脖子倔强的樣子。

睤 𥊟（jù）九遇切。舉目驚睤然也。从夰，从朋，朋亦聲。

【按】"舉目驚睤"，驚恐地遠看。

奡 𥄎（ào）五到切。嫚也。从𦣻，从夰，夰亦聲。

【按】嫚，侮傷（yì），即輕慢。

昊 𣆴（hào）春爲昊天。从日、夰，夰亦聲。

奘 𡗳（zàng）徂朗切。駔也。

【按】段玉裁注："馬部'駔'下曰，壯馬也。"

息 𦞧（xī）从心，从自，自亦聲。

【按】息，《説文》："喘也。"即喘息。

意 𩐙（yì）察言而知意也。从心，从音，音亦聲。

憼 𩫎（jǐng）居影切。敬也。

廙 廙（kuàng）苦謗切。廣大也。

慈 慈（xián）胡田切。急也。

愚 愚（yú）禺，猴屬，獸之愚者。

懝 懝（ài）五溉切。騃也。
【按】段玉裁注：“騃本訓馬行仡仡，引申爲疑立之狀。”仡（yì），勇壯。

態 態（tài）能意兼聲。
【按】徐鍇曰：“臣鍇曰：心能於其事，然後有態度也。會意。”許慎釋爲“意也”。

沉 沉（xuè）呼穴切。水從孔穴疾出也。

洸 洸（guāng）水涌光也。

派 派（pài）同“辰”。

洐 洐（xíng）户庚切。溝行水也。

没 没（mò）沈也。
【按】沈，今作“沉”。

泐 泐（lè）盧則切。水石之理。

泮 泮（pàn）泮宫。

【按】泮宮，周代諸侯的學宮。《史記·封禪書》："天子曰明堂、辟雍，諸侯曰泮宮。"

否 否（fǒu）不也。

閨 閨（guī）特立之户。上圜下方，似圭。

閽 閽（hūn）常以昏閉門隸也。
【按】閽，古代掌管宮門的官吏。

招 招（zhāo）手呼也。

拱 拱（gǒng）兩手同械也。

妊 妊（rèn）如甚切。孕也。

姓 姓（xìng）从女、生，生亦聲。
【按】姓，《説文》："人所生也。"本義是標誌家族系統的字。

娶 娶（qǔ）从取、女，取亦聲。
【按】娶，《説文》："取婦也。"

婚 婚（hūn）婦家也。取婦以昏時。
【按】婦家，即婚嫁。

姻 姻（yīn）壻家也。女之所因。
【按】壻，今作"婿"。段玉裁注："《釋親》曰：壻之父爲姻。婦之父母、壻之父母相謂爲婚姻。"

娣 𤔪（dì）女弟也。

婢 𤔪（bì）女之卑者。

媄 𤔪（měi）無鄙切。色好也。

嬰 𤔪（yīng）頸飾也。从女，从賏，賏亦聲。

媛 𤔪（yuàn）王眷切。美女也，人所欲援也。

奸 𤔪（gān）古寒切。犯淫也。

医 𤔪（yì）於計切。盛弓矢器也。从匚，从矢，矢亦聲。

匹 𤔪（pǐ）四丈也。从八、匚。八揲一匹。八亦聲。

緤 𤔪（jié）姊入切。合也。

絑 𤔪（mǐ）《虞書》"粉米"之"米"之正字。

【按】絑，《說文》："繡文如聚細米也。"繡，即畫。本義是如細米般密集的畫文。

螟 𤔪（míng）蟲食穀心者。吏冥冥犯法，即生螟。

蟘 𤔪（tè）徒得切。蟲食苗葉者。吏乞貸則生蟘。今《詩》作"螣"。

蝯 𤔪（yuán）禺屬。善援。

鼀 鼀（cù）七宿切。岴鼀，詹諸也。其鳴詹諸，其皮鼀鼀，其行岴岴。从黽，从岴，岴亦聲。詹諸，今作"蟾蜍"。

【按】岴，音 lù，或作先，一種地蕈（xùn）類植物。

坤 坤（kūn）土位在申。

【按】坤，《説文》："地也，《易》之卦也。"

坪 坪（píng）皮命切。地平也。

均 均（jūn）平徧也。

坒 坒（bì）毗至切。地相次比也。

墨 墨（mò）从黑、土，黑亦聲。

【按】墨，《説文》："書墨也。"

畿 畿（jī）天子千里地，以逮近言之，則言畿也。从田，从幾省，亦聲。幾，近也。

黄 黄（huáng）从田，从茨，茨亦聲。茨，古"光"字。

【按】黄，《説文》："地之色也。"

甈 甈（chè）發也。俗作"撤"。

【按】段玉裁注："發者，射發也。引申爲凡發去之偁。"

劫 劫（jié）以力止去曰劫。

【按】劫，《説文》或曰："人欲去，以力脅止曰劫。"

愶愶（xié）龤龤（xié）協協（xié）皆和也。《玉篇》不收"愶"字。

釦釦（kòu）苦厚切。金飾器口。

鏨鏨（zàn）藏濫切。小鑿也。

鈁鈁（fāng）府良切。方鐘也。

鍒鍒（róu）音柔。銕之耎也。

【按】銕，古文"鐵"。《廣韻》："耎，弱也。"

料料（bàn）普幔切。量物分半也。

轈轈（cháo）鉏交切。兵高車，加巢以望敵也。

軓軓（fǎn）府遠切。車耳反出也。

【按】車耳，即較（jué），車輢上的曲鉤。

轚轚（jí）古歷切。車轄相擊也。

【按】車轄，插在車軸端孔内的車鍵，使車輪不脱落。

陸陸（lù）高平地。

陷陷（xiàn）高下也。

【按】陷，甲骨文作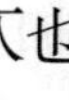、，象牛羊陷於深坎，本義是陷阱。

傾傾（qīng）仄也。

【按】段玉裁注:"陮者,山皁之仄也。"

隙 隙 (xì) 壁際孔也。

垒 垒 (lěi) 力軌切。垒墼也。从厽,从土,厽亦聲。
【按】墼,音 jī,未燒的磚塊。

季 季 (jì) 从稚省兼聲。
【按】季,《説文》:"少偁也。"即排行靠後的。

疏 疏 (shū) 通也。从㐬,从疋,疋亦聲。

朒 朒 (niǔ) 女久切。食肉也。

羞 羞 (xiū) 進獻也。从羊,从丑,丑亦聲。

酒 酒 (jiǔ) 从水,从酉,酉亦聲。
【按】酒,甲骨文作𦈢、𦈢,象裝酒的容器之形,初文作"酉",後分化出"酒"字專門表示喝酒之酒。

酣 酣 (hān) 酒樂也。
【按】酒樂,酒喝到暢快的地步。

右會意兼聲,而聲即在意中者,凡二百五十文。〇如"禷"字説云"以事類祭天神",下文不言从類而第云類聲,以説義之詞已見"類"字也,此類皆采之。至如"像"下云"象也",小徐本云"象聲",是也;大徐加"从象",則誤。蓋相似之"像",上古借"象",中古加"人"。《易》曰:"象也者,像也。"故許君説曰"象也",謂古借"象"爲"像"也。若言"从象",則象衹是獸,不可通也。此類皆依小徐,不復采之。

碧　碧（bì）石之青美者。从玉、石,白聲。

薄　薄（dú）音督。水薄䓲。从水、艸,毒聲。
【按】薄䓲（zhú),一名薄蓄,又名扁蓄、扁竹,一種蓼科草本植物。

藕　藕（ǒu）从水、艸,禺聲。今作"藕"。

萍　萍（píng）苹也。《説文》水部"萍"字即此字之俗,後人所羼入也。从水、艸,并聲。

藻　藻　藻　藻（zǎo）水艸也。从水、艸,巢、喿則聲也。

春　春（chūn）从艸,从日,艸春時生也。屯聲。

曾　曾（zēng）詞之舒也。从八,从曰,囪聲。囪音聰。
【按】詞之舒,舒緩的語氣詞。

歸　歸（guī）女嫁也。从止,从婦省,自聲。

疌　疌（jié）疾葉切。疾也。从止,从又。又,手也。屮聲。

夐 疌（niè）隸亦作"疌"。尼輒切。機下足所履者,疾也。从止,从又,入聲。

御 禦（yù）从彳、止、卩者,行止皆有節度也。午聲。

【按】御,《說文》:"使馬也。"即驅使馬兒。

卸 卸（xiè）司夜切。舍車解馬也。从止、卩,午聲。

衞 衞（wèi）宿衞也。从行、帀。夜巡者必週帀其所巡也。韋聲。

嗣 嗣（sì）諸侯嗣國也。从册,从口,司聲。

奉 奉（fèng）承也。从手,从廾,丰聲。

鬻 鬻（yù）即今鬻粥字也。从鬲,从米,毓省聲。其正文作"鬻"。

饎 饎（zài）音載。設飪也。《儀禮》"匕載",借載用之。从丮,从食,才聲。

【按】設飪,擺設酒食。

尋 尋（xún）繹理也。从工、口,从又,从寸,彡聲。

【按】繹（yì）理,段玉裁注:"謂抽繹而治之。"指抽引治理絲綫,引申爲長。

---

① 底本無楷書字頭,今補。

徹 𢾑（chè）通也。从攵，从彳，育聲。

𣀳 𣀳（xī）許其切。坼也。从攵，从厂，未聲。摔、鰲、鰲从之。

【按】坼，裂開。

敩 學 𥥼 𥥆（xué）本係一字。从教，从冂。冂，尚矇也。臼聲。小篆省攵。

巂 巂（guī）户圭切。“子巂”即“子規”也。从隹，中象其冠，卨聲。

雁 𩿆（yīng）同“鷹”。从隹，从人，瘖省聲。

【按】瘖，音 yīn，同“喑”，不能説話。

雁 雁（yàn）知時鳥也。从隹，从人，厂聲。䧹，鵝也，今通用。

衡 𢖍（héng）牛觸，横大木其角。从角，从大，行聲。古文“奐”，會意。

【按】“横大木其角”，綁在牛角上的横木，引申有衡量、稱量的意思。

簠 簠（fǔ）方矩切。黍稷圜器。从竹，从皿，甫聲。

盬 盬（gǔ）公户切。器也。从皿，从缶，古聲。

【按】盬，古代祭祀用的一種禮器。

市 𩫖（shì）市有垣。从冂，从乁，古“及”字。止省聲。

辖 𨌰（xiá）胡戛切。亦作“轄、鎋”，車軸耑鍵也。从舛。辖在兩軸耑，相背也。萬省聲。萬，古“离”字。

【按】萬，音 fèi。《王力古漢語字典》:“《說文》作𤔔。獸名。亦即狒狒。”大、小徐本《說文》皆作“萬省聲”。离，音 xiè，古同“偰”。

梁 𣹭（liáng）橋也。从木，从水，刅聲。

槱 𤑯（yǒu）余救切。積木燎之也。从木，从火，酉聲。

穦 𥠊（zhǐ）職雉切。積穦，多小意而止也。一曰木名。从禾，攴、只皆聲。此字當入形聲，以積穦連語，且罕用，附此。

【按】王筠《說文解字句讀》:“多小意而止者，乃‘積穦’兩字之義……形容之詞也。‘多小意’者，艸木受病，枝葉詰屈，故曰小；逐處凹凸，故曰多。‘而止’者，自此歸于枯槁，不復能暢茂也。”

秵 𥡂（jǔ）俱羽切。从禾，从又，句聲。又者，丑省也。

稽 𥡴（jī）留止也。从禾，从尤，旨聲。

冥 𠖬（míng）幽也。从日，从六。日數十，十六日而月始虧，幽也。冖聲。

虜　（lǔ）郎古切。獲也。从毌，从力，虍聲。

牖　（yǒu）从片，从户，甫聲。

【按】牖，《説文》：“穿壁以木爲交窗也。”即窗户。

竊　（qiè）从穴，从米，离、廿皆聲。

【按】竊，《説文》：“盗自中出曰竊。”本義是偷。

寶　（bǎo）从宀，从玉，从貝，缶聲。

【按】寶，甲骨文作 ，象屋内有貝、玉之形，會意珍寶。

宜　（yí）所安也。从宀之下，一之上，多省聲。

害　（hài）从宀，从口，害从家起也。丯聲。

寢　（mèng）寐而有覺也。从宀，从疒，夢聲。此“吉夢維何”之“夢”。

【按】《詩經·小雅·斯干》：“吉夢維何？維熊維羆，維虺維蛇。”通過夢境占卜，預測主人公有貴男賢女降生。

兢　（jīng）競也。从二兄，競意，丯聲。一曰敬也。

【按】兢，金文作 ，象兩人頭頂物品並行的樣子，會意競争或謹慎。

鬀　（tì）他歷切。鬎髮也。从髟，从刀，易聲。

甂　（zhì）从互，从比，矢聲。

【按】龯,《説文》:"豕也。"

尵 尵（dī）尵 尵（xié）音提攜。尵不能行,爲人所引也。从尢,从爪,是、儶聲。

【按】尵,今作"跛"。

籟 籟（jú）此"鞫獄"之"鞫"之正字。从㚔,从人,从言,竹聲。

【按】鞫獄,審理案件。籟,《説文》:"窮理罪人也。"

靴 靴（yǔn）進也。从㚔,从中,允聲。今通用"允"。

憲 憲（xiàn）敏也。从心,从目,害省聲。

灑 灑（jiǎo）子小切。釃酒也。一曰浚也。从网,从水,焦聲。以縑漉酒,故从网。

【按】釃(shāi)酒,過濾酒。

涅 涅（niè）奴結切。黑土在水中也。日聲。

【按】"黑土在水中",即可作黑色染料的石頭。

溼 溼（shī）此"乾濕"之"濕"之正字。从水。一,所以覆也。覆而有土,故溼也。㬎省聲。濕,他合切。"瀹濟漯"之"漯"之正字。

【按】瀹濟漯,語出《孟子·滕文公上》:"禹疏九河,瀹濟漯,而注諸海,決汝漢,排淮泗,而注之江,然後中國可得而食也。"

泰 𣻞 夳 （tà/tài）他達、他蓋二切。滑也。从廾，从水，大聲。古文从夶，大聲，楷作"太"。

【按】段玉裁注："後世凡言大而以爲形容未盡則作太。"何琳儀《戰國古文字典》："典籍之中，大、太、泰三字往往通用。大爲象形，太爲分化，泰爲假借。"言簡意賅。

聽 聽 （tīng）从耳，从悳，壬聲。

【按】聽，《説文》："聆也。"段玉裁注："凡目不能徧而耳所及者云聽。"

嬎 嬎 （fàn）芳萬切。生子齊均也。从女，从生，免聲。

【按】"生子齊均"，段玉裁注："謂生子多而如一也。"《康熙字典》："同娩。"

柩 柩 （jiù）从木，从匚，久聲。

【按】柩，《説文》："棺也。"即裝有尸體的棺材。

繭 繭 （jiǎn）从糸，从虫，芇聲。古文作"絸"。

【按】繭，《説文》："蠶衣也。"即蠶的幼蟲在變成蛹之前吐絲做成的殼。

巠 巠 （jīng）古靈切。水脈也。从川在一下。一，地也。壬省聲。古文作"𡵀"。

彝 彝 （yí）宗廟常器也。从糸。糸，綦也。廾持米，器中實也。互聲。

畒 畒（mǔ）从田，从十，久聲。

【按】畒，《説文》："六尺爲步，步百爲畮。"畮，同"畒"。

勴 勴（lǜ）良倨切。助也。从力，从非，慮聲。今《爾雅》作"勴"。

【按】力去其非，是爲佑助。

陳 陳（chén）从𨸏，从木，申聲。

【按】《玉篇》："列也，布也。"本義是陳列，古同"敶"。

陧 陧（zhào）之少切。耕以臿浚出下壚土也。从𨸏，从土，召聲。

【按】段玉裁注："耕者用鍬抒取地下黑剛土謂之陧。"

𤒈 𤒈（suì）小篆作"燧"。塞上亭守燧火者。从𨺅，从火，遂聲。

【按】燧，《説文》："燧，候表也。邊有警則舉火。"今作"烽"。

疑 疑（yí）从子、止，匕、矢皆聲。

【按】疑，《説文》："惑也。"

辰 辰（chén）辰爲三月，農時也，物皆生。从乙、匕，象芒達。从二，古"上"字。厂聲。

【按】辰，古文作[illegible]、[illegible]，象農具之形，後假借表示地支第五位。芒達，猶萌發。

牆 牆（jiàng）隸作"醬"。从酉，从肉，爿聲。

右於會意之外別加聲者，凡六十八文。

君 君（jūn）尊也。从尹，發號，故从口。案：此兩對立文，不可合爲一義。下放此。

矞 矞（yù）余律切。以錐有所穿也。一曰滿有所出也。从矛，从冏。矛与錐不倫，第从比象之意。冏从内，内与穿略相近。

孌 孌（luán）吕員切。亂也，治也，不絶也。案：此三義，言与絲皆有之，然非王言如絲之義。

蔑 蔑（miè）莫結切。勞目無精也。从苜，人勞則蔑然。从戍。案：以戍爲勞，与目不相涉。

利 利利（lì）銛也，从刀。和然後利，从和省。上二句指刀之銛利言，下二句吉利意也。

曹 曹（cáo）獄之兩曹也。在廷東，从棘。治事者，从曰。案："棘"指其地，"曰"指其職。

【按】兩曹，古代訴訟時，稱原告和被告兩方爲"兩曹"。

孛 孛（bèi）蒲妹切。艸木孛孛也，从宋。人色也，从子。《論語》曰："色孛如也。"上二句言艸木之盛，下二句言人色之盛。

【按】奰,音 wèi。奰字,草木茂盛的樣子。

思 𢜬（xiān）息廉切。疾利口也。从心,从册。《繫傳》曰:"册,所言衆也。"

【按】疾利口,段玉裁注:"謂疾惡利口之人也。"

聯 𦤎（lián）連也。从耳,耳連於頰也。从絲,絲連不絕也。

醫 醫（yī）《說文》云:"殹,惡姿也,醫之性然。"言醫精小道,性不和平也。又云:"得酒而使,从酉。"言藥往往用酒也。

　　右字無聲,不得不謂之會意,實則各自爲意,不可會也。許君亦兩分説之,不可強合爲一。凡十文。

毒 𦵔（dú）大徐以爲"从中,从毒",小徐以爲"从中,毒聲",皆不可解。

【按】段玉裁注:"害人之艸,往往而生。"艸從中會意,許慎訓"厚"義從"往往而生"。

尒 尒（ěr）詞之必然也。从入、丨、八。"八"象气之分散。案:許君説八而不説入、丨,本不可説也。

詹 詹（zhān）多言也。从言,从八,从厃。厃者,仰也,与言無涉。即許君收"詹"於八部,而不收於言部,亦不可解。

【按】多言，即話多，喋喋不休。

逐 逐（zhú）追也。从辵，从豚省。

邍 𤉣 𤲟 𤲠（yuán）《説文》曰：“高平之野，人所登。從辵、备、录，闕。”案《爾雅》：“廣平曰原。”原者，“邍”之借字。《繫傳》分釋夂、田，則“备”者，兩字誤合爲一也。石鼓從𤲟，蓋即“录”字。是知從田，故釋以“高平之野”；從辵、從夂，故釋以“人所登”。录則聲也。朱文藻鈔小徐本從𤲠，而《繫傳》固云未知何故從录矣，則朱本恐是依石鼓改，故𤲟譌爲𤲠，終當闕疑。

𡟼 𡟼（kuí）音逵。持弩枅也。从廾、肉。徐氏曰：“从肉未詳。”

叟 叟（sǒu）从又，从灾，均不可解。《衆經音義》“病見於脈”之説，亦附會難通。《左傳》作“俊”。

【按】叟，古文作𦮠、𦮠，象人舉火炬在屋内或屋外之形，是“搜”的初文。

燮 燮（xiè）穌叶切。和也。从又、言，从炎。籀文作“燮”，从羊。均不可解。似當从言，从炎部燮之省聲。

叜 叜（tāo）音叨。滑也。从又、中。案：中，艸也。手持艸豈有滑義。

叚 叚（jiǎ）古雅切。借也。周伯琦曰："从皮从二，皮多假也。"案：真假乃漢語，不可以説古義。

【按】叚，今通用作"假"。

相 相（xiàng）省視也。从目，从木。《易》曰："地可觀者莫可觀於木。"案：許君以此説从木之意，終涉牽强。

臱 臱（mián）武延切。宀宀，不見也。此字之从自从穴已不可解，"冋"又非字也。

【按】許慎釋爲"宫不見也"，引申指凡不見之稱。

百 百（bǎi）十十也。从一，从白。白，同"自"。數，十十爲一百。百，白也。十百爲一貫。貫，章也。豈謂一百者一貫之所自始邪？

芇 芇（mán）母官切。音宀。相當也。《説文》收丫部。丫，羊角也。豈於兩角相麗，得相當義邪？而从冂亦不可解。"繭"字从之。

隼 隼（sǔn）思允切。祝鳩也。从隹，而一不可解。

【按】祝鳩，鳥名，今稱爲鵓鴣。一説隼爲"鷙鳥"，即猛禽。《詩經·小雅·采芑》："鴥彼飛隼，其飛戾天。"

雋 雋（juàn）徂兖切。肥肉也。从弓所以射隹。竊意弓即短尾之"几"，非弓也。

隋 膌（duò）徒果切。裂肉也。从肉，从隓省。竊謂隓
省聲也。

【按】隋，一音 suí。裂肉，祭祀殘餘的肉。隓，音 huī，城墙
倒塌。

笑 𥬇（xiào）當以《漢書》作"关"爲正。上半象形，下
半會意。

【按】《說文》："臣鉉等案：孫愐《唐韻》引《說文》云喜也，
从竹，从犬，而不述其義。今俗皆从犬。又案：李陽冰刊定
《說文》从竹，从夭，義云：竹得風，其體夭屈如人之笑。未
知其審。""笑"的常用義是喜悅，構意不明。

左 𠂇（zuǒ）古"佐"字。輔弼之意。从㞢可解，从工不
可解。或天工人代之意邪？

【按】左，古文作𠂇、𠂇，初象左手之形，後加"工"會意，以
"工"輔助左手，本義是輔佐。

某 𣐽（méi）此"梅杏"之"梅"之正字。酸果也。从甘
不可解。竊意當依《本艸綱目》作𣐽，以會意定象形字也。
梅，枏也。

【按】枏，梅也，似杏而酸。

質 𧼘（zhì）以物相贅。从貝、所，不可解。

奓 奓（zhā）陟加切。厚脣也。从多，从尚。小徐尚聲。

冡 冡（méng）莫紅切。覆也。从冃、豕。豕何事於覆之乎？

兩 兩（liǎng）再也。从冂，闕。《易》曰："參天兩地。"案：此字似从古熒切之"冂"，非莫狄切之"冂"。冂者，界也。界之中以丨分之，入其中者有二，各占一區，故爲兩也。今通用"兩"。錙銖斤兩，皆權名也。

帥 帥（shuài）佩巾也。从巾，自不可解。

白 白（bái）从入合二。与白色無涉。

【按】白，古文作日、白，或説象拇指之形，或説象米粒之形。文獻中常用義爲白色，同《説文》"西方色也"。

壬（tǐng）小徐作"壬"。他鼎切。善也。从人、士。士，事也。一曰象物出地挺生也。案：前説則當作𡈼，後説則當作主，是篆文先不能定也。

舤 舤（wù）音兀。船行不安也。从舟，从剀省，似脱聲字。

朕 朕（zhèn）我也。从舟已於我義不協，"灷"字又《説文》所無。《玉篇》"灷，主倦切，火種也"，聲義皆不協。鐘鼎文作朕，亦不可解。

兀 兀（wù）高遠也。从一在儿上，即一在人上，亦何以爲高遠乎？

【按】兀，古文作�、𠂤，象突出人的顛頂之形，《説文》釋爲"高而上平也"。

禿 𥝊（tū）《説文》兩説皆未妥。《玉篇》有籀文作"𥝊"，當是正字。從毛者，頭上之毛，曰髮、曰鬒、曰鬢，尊人故詳之，不似物毛概曰毛也。禿者之髮，但離離如毛而已，故從毛在人上。𣎳、𣎴 篆體略似，是以譌也。

【按】禿，《説文》："無髮也。"

易 昜（yáng）与章切。開也。從日、一、勿。豈謂一旗開展於日中邪？周伯温謂"昜易以天地之气言，陰陽以山水之南北言"，蓋是。一者，地也。勿非字，祇是易气之形。日出乃見，故從日。

【按】易，古文作𣇱、𣇲、𣇳，構形本義不明。《説文》："一曰飛揚，一曰長也，一曰彊者眾皃。"

豙 豙（yì）魚既切。豕怒毛豎也。一曰殘艾也。從豕、辛。案：辛難解。

卮 𢎵（zhī）章移切。圜器也。上象人，卩在其下，節飲食之義。案：器名而從人，義頗迂遠。

𤯞 𤯞（shèn）古"慎"字。不知所從。寮字從之。

耿 𦕼（gěng）耳著頰也。從火不可解。

【按】段玉裁注曰："耿之言黏也，黏於頰也。"常借用表示光明。

威 㦰（wēi）姑也。从女，从戌不可解。

【按】威，古文作㦰、㦰，戌爲兵器，以示威儀。

婁 㜊（lóu）空也。从毋中女，空之意也。小徐本篆从母，亦不可解。"母中女"先不成文，更無論空義也。

晏 㬫（yàn）烏諫切。安也。从女、日。

我 㦴（wǒ）"丿"即"𠂆"之古文𠂆。戈、𠂆既不成義，又於我義不協。

【按】我，甲骨文作㦴、㦴，象一種兵器之形。假借作第一人稱"我"。

戠 㦵（zhī）之弋切。義闕。識、職、熾从之。

鼂 㝵（zhāo）音"朝夕"之"朝"，亦借爲"朝"。匽鼂，蟲名也。从黽可解，从旦不可解。古文作"鼂"，皀葢"㠯"之譌也。

凡 㫚（fán）最括而言也。从二，从㐅。㐅，古"及"字。案：二則多矣，多而連及之，是最括之意。然字形之爲二爲㐅，不可分也。

勞 㷊（láo）从力，从熒省。熒火燒門，用力者勞。許君委曲説之，而意終不可會也。且古文"㷊"，又將何以説之？

斬 斬（zhǎn）許君曰："斬法車裂，故从車。"然《秋官》之斬，鄭注謂即腰斬，古制也。車裂在後，何由法之？且衰世事豈足法乎？

【按】段玉裁注："戬也。戬者，斷也。"戬，即今"截"字。斷，即"斷"。

官 官（guān）吏事君也。从宀，从𠂤。𠂤猶衆也，此与"師"同意。案：《禮》"在官言官"。官与府寺同，皆衙署也。从宀可解。許君雖曲解"𠂤"字，終不安也。

絫 絫（lěi）力軌切。增也。从厽，从糸，厽亦聲。絫，十黍之重也。案：此字若入糸部，从糸厽聲，則其詞順。然其義曰增，則不由糸取義，不得入糸部。而厽、糸二字，不可合也。

丙 丙（bǐng）陰气初起，陽气將虧。从一入冂。一者，陽也。案：南方之卦爲☳，陽中固有陰。然曰"一入冂"，則似閉藏時矣。古篆作𠀬。《爾雅》"魚尾謂之丙"，可信，象形字也。

【按】丙，甲骨文作𠀬，金文作𠀬、𠀬，基本保留了甲骨文的構形特徵。本義不明，常被借用表示天干第三位。

丁 个（dīng）似即今之"釘"字，亦象形字。許君"丁實"之説,恐未然。

【按】丁,古文作口、●、◢,象釘子的俯視之形,隸作"丁",是"釘"的初文。

戌 戌（wù）中宫也。象六甲五龍相拘絞也。字形中似不能得此意。

【按】戌,甲骨文作乢、乢,象兵戈之形,本義爲某種武器。後被借用表示天干第五位。

己 弓 己（jǐ）中宫也。象萬物辟藏詘形也。

【按】己,古文構意不明。常被借用表示天干第六位,以及第一人稱"自己"。

庚 庚（gēng）象秋時萬物庚庚有實也。

【按】庚,甲骨文作㚻、㚻,構意不明。許慎"位西方"的説法是其常用義。

辛 辛（xīn）秋時萬物成而孰。金剛味辛。辛痛即泣出。从一,从辛。辛,辠也。案:以上三字,不敢强解。

【按】辛,古文作辛、辛,象刑具,從辛的字多與刑罰有關。假借表示天干第八位。

壬 壬（rén）象人裹妊之形。案:或以爲"任"之古文,荷儋形也,横觀之即得。

【按】甲骨文中,壬字即被借用表示天干第九位。其字形作丄、丅，構形本義不明。

癸　𣥠（guǐ）揆也。交錯二木，度地以取平也。此《六書正譌》之説，尚可解，許君説亦不可解。

【按】癸，古文作𤼩、𣥠，疑似某種兵器。

眘　𣊠（nǐ）魚紀切。盛皃。从弜，从日。

【按】《玉篇》:"又眾多貌。"弜，音 zhuǎn，謹慎。

丑　𠃨（chǒu）紐也。竊謂此字即"杽"之古文，"桎梏"之"梏"也。从又，手也。"丨"束其指。此以會意定象形字也。

寅　𡩟（yín）正月陽欲上出，陰尚強。象宀不達，髕寅於下也。

【按】寅，古文作𡩟、𡩟、𡩟，象箭矢之形，後加方框，形變爲手，本義當爲箭矢。

　　右闕疑者，凡五十八文。

　　會意字正例九，變例十一，闕疑一，凡一千二百五十四文。○會意字之不須識者，凡百三四十字。或爲經典所不見者，或用其假借之字而置本字不用者，故可不識也。特欲此種搜括無遺，故備録之。然世之能識九千文者，諒亦不少，則直取《説文》讀之可矣，又無取乎區區者爲也。○凡小徐本以爲形聲，而大徐闌入會意者，一切不録。

文字蒙求卷四

形　聲

聲難明者,必云某聲,顯白者省之。

帝 帝（dì）从二,古“上”字。朿聲。

【按】帝,甲骨文作釆,或説象古代祭祀的高臺,是“禘”的初文;或説象花蒂之形,是“蒂”的初文。指稱帝王,當是帝的假借義。

祅 祅（yāo）此“妖孽”之“妖”之正字。

鎏 鎏（liú）垂玉也。此“冕旒”之“旒”之正字。旗旒本作“游”,亦借用“流”。古無“旒”字。

坴 坴（lù）力竹切。蕈,一名菌坴。从屮,六聲。案:从六者皆作屮,而从坴之弄、壺、𡔇、坴、夌皆作米,与大之籀文**介**，其形不別。

每 𣐑（měi）从中，母聲。

【按】每，《説文》：“艸盛上出也。”段玉裁注：“按每是艸盛，引伸爲凡盛。”

荅 荅（dá）小豆也。从艸，合聲。楷作“答”，漢隸艸、竹不分故也。

茮 茮（jiāo）“椒”之本字。

茌 茌（chí）茌平，縣名。俗譌作“茬”。

【按】茌，《説文》：“艸皃。”《玉篇》艸部：“茌，草盛皃。”茌的本義是草茂盛的樣子。

葢 葢（gài）苫也。楷別作“蓋”爲語辭。

【按】苫，音 shān，草墊子。引申有遮蓋義，讀作 shàn。蓋取遮蓋義。

莜 莜（yóu）艸田器。今本《論語》作“蓧”。

【按】艸田器，即芸田器，割除田間雜草的工具。

苟 苟（gǒu）艸也。

【按】苟，草名。假借表示苟且、暫且義。

萑 萑（zhuī）萑（huán）上職追切，艸多皃。下胡官切，《詩》：“八月萑葦。”隸同變一形，又與“萑”相似。

【按】萑葦，兩種蘆類植物。萑，音 huán，貓頭鷹一類的鴟屬鳥。

荔 茘（lì）艸也。俗誤从劦。

茆 茆（mǎo）隸从卯，篆从丣，皆是也。《魯頌》："薄采其茆。"

【按】茆，蒓菜，一種多年生水生草本植物。

蘩 蘩（fán）繁，篆作"緐"。敏亦从每聲。

【按】蘩，《說文》："白蒿也。"一種草本植物，俗稱蓬蒿。"蘩、繁"古今字。

尚 尚（shàng）曾也。从八，向聲。

【按】曾，尚且。

必 必（bì）从八，弋聲。

【按】必，《說文》："分極也。"區分的標準。

台 台（yí）悅也。从口，㠯聲。㠯，古"以"字。

唐 唐（táng）大言也。从口，庚聲。

咢 咢（è）五各切。譁訟也。从吅，屰聲。遻、鄂从之。

徒 徒（tú）步行也。从辵，土聲。

徙 **徙**（xǐ）迻也。从辵,止聲。

【按】迻,音 yí,《説文》:"遷徙也。"今作"移"。

往 **徍**（wǎng）从彳,㞷聲。

【按】往,甲骨文作㞷,會意止(足)朝著某個地方前去,本義是到某地去。後加彳會意道路。

句 **𠄐**（gōu/jù）古矦、九遇二切。曲也。从口,丩聲。叫亦从口,丩聲。

千 **𠦄**（qiān）从十,人聲。

【按】千,《説文》:"十百也。"表示數量。

言 **𡀀**（yán）从口,辛聲。案:辛,過也,似兼惟口啟羞之意。

【按】言,《説文》:"直言曰言,論難曰語。"本義是説話。

藹 **藹**（ǎi）臣盡力之美。从言,葛聲。

【按】《玉篇》:"腌藹,樹繁茂。"疑藹本義和樹木繁茂相關,王筠的説法承自許慎,難以理解。

謄 **謄**（téng）迻書也。从言,朕聲。

謚 **謚**（shì）行之迹也。从言、兮、皿,闕。

【按】《爾雅》邢昺疏:"人死將葬,誄列其行而作之也。"

謚 **謚**（yì）笑皃。案:謚法本从益,唐人猶然。"謚"字乃後人羼入《説文》,遂讀"謚"爲伊昔切。《字林》訓"謚"爲"笑聲",亦不云"笑皃"。

畀 畁（qí）渠記切。从廾,由聲。綼从之。

【按】畀,《説文》:"舉也。"綼,音 bì,蒼如艾色的絲織品。

异 㠯（yì）羊吏切。舉也。从廾,㠯聲。

釜 䰛（fǔ）从金,父聲。

【按】釜,《説文》:"鍑屬。"鍑,音 fù,古代的一種大口鍋。

孰 𡏋（shú）食飪也。从丮,𦎫聲。後專以此爲誰孰字,乃加火作"熟"以別之。

【按】飪,音 rèn,煮熟。

書 書（shū）从聿。聿者,筆也。者聲。

【按】《説文解字敘》:"著於竹帛謂之書。"書有動詞書寫和名詞書冊兩種含義。

隸 隷 㯚 隸（lì）附著也。从隶,柰聲。或體从祟聲,"出"變爲"士"。

殿 𣪘（diàn）擊聲也。从殳,屍聲。

寺 㝳（sì）从寸,之聲。

【按】寺,《説文》:"廷也。"古代的官署名稱。

敷 𢾭（fū）施也。从攴，尃聲。隸似从放，甫聲。

更 𩰙（gēng）改也。从攴，丙聲。

瞏 𥄎（qióng）渠營切。目驚視也。从目，袁聲。

者 𪊖（zhě）从白。白，同"自"。𣥐聲。𣥐，古"旅"字。
【按】者，古文作𤇾、𤇾，象某種樹木形，後假借表示"别事詞"，即區别事物的虛詞。

習 𥄎（xí）數飛也。从羽，白聲。

羍 𨐊（dá）他末切。小羊也。从羊，大聲。達字从之。

難 𩁋（nán）鳥也。从鳥，堇聲。

鳶 𩿇（yuān）與專切。鷙鳥也。从鳥，屰聲。

敢 𣪏（gǎn）从受，古聲。籀文作"𣪏"，古文作"𢿘"，楷兼籀、古而變之。
【按】敢，《説文》："進取也。"本義是勇敢。

膚 𧇯（fū）古同"臚"。从肉，盧聲。
【按】膚，《説文》："皮也。"即皮膚。

肺 𦙽（fèi）从肉，市聲。
【按】肺，《説文》："金藏也。"以五行對應五臟，金對應肺。

肖 㕠（xiào）从肉，小聲。

【按】肖，《説文》："骨肉相似也。"本義是相似、相像。

散 𣼏（sàn）雜肉也。从肉，㪔聲。

【按】㪔，音 sàn，分離。

列 𠛱（liè）从刀，歺聲。

【按】列，《説文》："分解也。"

觱 鼊（bì）卑吉切。吹角聲。从角，𩐣聲。

去 𠫝（qù）从大，凵聲。

【按】去，甲骨文作𠫓，象人離開某地，本義是前往。

剙 㓛（chuàng）此"創業"之"創"之正字。从井，刅聲。創，傷也，又古"瘡"字。

矣 𥎝（yǐ）从矢，㠯聲。

【按】矣，《説文》："語已詞也。"表示言語停止的虚詞。

良 𣌣（liáng）从畗省，亡聲。

【按】良，《説文》："善也。"

憂 𩠒（yōu）和之行也。从夊，惪聲。今以憂代𩠒，以優代憂。優，饒也，倡也。

愛 𢖽（ài）行皃。从夊，㤅聲。㤅，惠也。今以愛爲㤅。

栞　栞（kān）槎識也。槎，衺斫也。識，記也。此"隨山刊木"之"刊"之正字。从木，开聲。刊，剟也。

㷉　㷉（wèi）艸木㷉字之皃。从宋，畀聲。泰卦"以其彙"，誤用"蝟"之正文。

南　南（nán）从宋，羊聲。
【按】南，古文作𠧋、甬，象一種樂器之形。

隆　隆（lóng）从生，降聲。
【按】隆，《說文》："豐大也。"

花　𦾓（huā）从𤇸，于聲。
【按】《說文》："𦾓，艸木華也。"草木開的花。花朵義最初用"華"表示，"花"字晚出。

橐　橐（hùn）胡本切。橐也。从束，圂聲。

橐　橐（tuó）他各切。从橐省，石聲。
【按】橐，《說文》："囊也。"即今口袋。

囊　囊（náng）奴當切。从橐省，㲋聲。

橐　橐（gāo）古勞切。从橐省，咎聲。
【按】橐，《說文》："車上大橐。"

責　責（zé）从貝，朿聲。

【按】段玉裁注：“求也。引伸爲誅責、責任。”

賣 𧷓 (yù) 音育。衒也。从貝，𣲹聲。𣲹，古“睦”字。
黷、瀆、匱、續、讀、嬻从之。

【按】衒，音 xuàn，《説文》“行且賣也”，沿街叫賣。

貴 𧶏 (guì) 从貝，臾聲。臾，古“蕢”字。

【按】貴，《説文》：“物不賤也。”

那 𨙸 (nuó) 朝那，縣名。从邑，冉聲。

【按】那，今常音 nà，作指示代詞。

鄉 𨞜 (xiāng) 从𨙛，皀聲。皀，音香。

【按】鄉，甲骨文作𨞜、𨞜，象兩人對著食器進食之形，爲“饗”的初文。後假借表示行政區域名。

星 曐 (xīng) 从晶，生聲。

【按】星，《説文》：“萬物之精，上爲列星。”即星辰之星。

參 𠀃 𥘅 (shēn) 所今切。商星也。从晶，㐱聲。

康 𥝩 (kāng) 古“穅”字。从米，庚聲。

年 � (nián) 从禾，千聲。

【按】年，《説文》：“穀孰也。”古代農作物一年一熟，故引申指年月字。

黍 黍（shǔ）从禾,雨聲。

【按】黍,《説文》:"禾屬而黏者也。"一種黏的穀物。

罕 罕（hǎn）網也。从网,干聲。

罞 罞（mí）武移切。周行也。从网,米聲。《詩》:"罞入其阻。"或作"枭",敉从之。

【按】罞,段玉裁注:"网也。各本作'周行也',《詩》釋文引作'冒也',乃涉鄭箋而誤。今尋上下文皆網名。《篇》《韵》皆云:'罞,罟也。'更正。"

宿 宿（sù）从宀,佰聲。佰,古文"夙"。

【按】宿,《説文》:"止也。"停止休息曰宿。

布 布（bù）从巾,父聲。

【按】布,《説文》:"枲織也。"即麻布。

并（并）并（bìng）相從也。从从,开聲。

虚 虚（xū）从丘,虍聲。今作"墟",第以此爲空虚字。

展 襢展（zhàn/zhǎn）上展衣之展,从衣,琵聲。知扇切。下展轉之展,从尸,襄省聲。知衍切。今變一形。

【按】展,《説文》:"轉也。"張舜徽説:"展字從尸,猶從人耳。其本義自謂人之偃臥展轉也。"襢,音 zhàn,指紅色的細紗衣服。

考 考（kǎo）从老省，丂聲。

【按】考，《説文》："老也。"古代稱父親爲考。

屑 屑（xiè）从尸，肖聲。

【按】屑，段玉裁注曰："動作切切也。《方言》曰：屑屑，不安也。"

服 脈（fú）从舟，𠬝聲。

【按】服，《説文》："用也。"甲骨文作𦩅，或説象以手捕人之形，或説象以手按跪人之形，尚無確説。

飲 龡（yǐn）从欠，酓聲。

【按】飲，甲骨文作𣍘、𣍘，象人伸著脖子飲水形。本義是喝。

斥 庍（chì）卻屋也。从广，屰聲。

【按】卻屋，《説文》作"卻屋"，段玉裁注："卻屋者，謂開拓其屋使廣也。"

肆 肄（sì）極陳也。从長，隶聲。

【按】段玉裁注："極陳者，窮極而列之也。"陳，陳列。

黛 黛（dài）徒耐切。从黑，朕聲。

【按】黛，《説文》："畫眉也。"黛爲古代女子畫眉用的顏料。

奔 奔（bēn）从夭，卉聲。

【按】奔，金文作𢍺，象人狂奔之形。《説文》："走也。"即跑。

替 替 替 替（tì）從竝，白聲。白，同"自"。或從曰，或從灷。他計切。廢也，一偏下也。

冢 冢（zhǒng）高墳也。從勹，豕聲。

毗 毗（pí）人臍也。從囟，比聲。囟取氣所通也。

思 思（sī）從心，囟聲。細放此。

【按】思，《説文》："容也。"《尚書·洪範》："思曰睿。"本義爲思考。

急 急（jí）從心，及聲。

【按】急，《説文》："褊也。"段玉裁注："褊者，衣小也。故凡窄陿謂之褊。"急的本義是狹窄。

或 或（yù）水流也。從川，或聲。

雪 雪（xuě）從雨，彗聲。

【按】雪，《説文》："凝雨説物者。"段玉裁注："説，今之悦字。"本義是雨雪之雪。

失 失（shī）從手，乙聲。

【按】失，《説文》："縱也。"段玉裁注："在手而逸去爲失。"本義爲丟失。

戟 戟（jǐ）从戈，𠦝聲。

【按】戟，《說文》：“有枝兵也。”本義是有斜枝的兵器。金文作戟，象戈下有物之形。

賊 賊（zéi）从戈，則聲。

【按】賊，《說文》：“敗也。”段玉裁注：“敗者，毀也。”賊的本義是毀壞。

截 截（jié）从戈，雀聲。

【按】截，《說文》：“斷也。”本義是截斷。

曲 曲①曲（qū）上曲直之曲，从曲，玉聲。下器名之曲，已見象形。今竝變一形。

畚 畚（běn）布忖切。蒲器也。从甾，弁聲。楷書“盧”字亦變“甾”爲“田”。

【按】蒲器，用蒲草或竹篾編織的盛物器具。

鱷 鱷（è）吾各切。似蜥易，長一丈，水潛，吞人即浮，出日南。从虫，㖔聲。

尤 尤（yóu）从乙，又聲。

【按】尤，《說文》：“異也。”本義是特異。

---

① 楷書隸作“豐”，與“曲”有別。

薛 薛 嶭（xuē）上皋也，又國名，从辛，省聲。下艸也，从艸，嶭聲。今並變一形。

【按】嶭，楷書隸作"嶭"，本義是罪名。

存 扗（cún）从子，才聲。

【按】存，《說文》："恤問也。"本義是問候。

　　右楷已變篆者，凡一百一十文。

元 兀（yuán）从一，兀聲。"髡"古作"髡"，"軏"古作"軏"，从之。○凡从之之字，或隸已變形，或別有發明，始記之。

丕 丕（pī）从一，不聲。

【按】丕，《說文》："大也。"

瑞 瑞（ruì）以玉爲信也。从王，耑聲。

【按】王，即"玉"字。

壯 壯（zhuàng）从士，爿聲。

【按】壯，《說文》："大也。"本義是人體高大。

芙 芺（ǎo）烏浩切。苦芺也。

【按】苦芺，草名。

葛 葛（gé）絺綌艸也。

【按】絺綌，葛布的統稱，細者曰絺，粗者曰綌。

蒿 蕡（hāo）蔋也。
【按】蔋，音 qìn，青蒿。

蓐 蓐（rù）而蜀切。陳艸復生也。一曰鹽蔌也。

少 少（shǎo）从小，丿聲。
【按】少，《說文》："不多也。"

少 少（jié）音輟。少也。从小，乀聲。

㒸 㒸（suì）徐醉切。从意也。从八，豕聲。
【按】段玉裁注："从，相聽也。㒸者，聽从之意。"

牝 牝（pìn）畜母也。
【按】畜母，雌性的鳥或獸。

犀 犀（xī）从牛，尾聲。遲、徲、墀从之。
【按】犀，《說文》："南徼外牛，一角在鼻，一角在頂，似豕。"即犀牛。

犛 犛（lí/máo）離、毛二音。"牦"即其俗字。

含 含（hán）嗛也。
【按】嗛，音 xián，含在嘴裏。

吾 吾（wú）我也。

召 召（zhào）評也。

唯 唯（wéi）諾也。

啻 啻（chì）从口，帝聲。楷又變爲"商"，適、謫、敵、嫡、摘、禠、滴、嫡、鏑篆皆从啻，隸皆从商，惟"禠"尚有作"禧"者。商，又音滴，本也。邵子湘以"商"爲"滴"，改《士昏禮》"三商"爲"三滴"，大謬。

咼 咼（wāi）口戾不正也。从口，冎聲。喎，不正也。从立，禺聲。二字通用，俗作"歪"。
【按】"口戾不正"，嘴巴歪斜不正。

逃 逃（táo）亡也。

微 微（wēi）隱行也。

待 待（dài）竢也。
【按】竢，音 sì，等待。

延 延（yán）長行也。从延，丿聲。
【按】段玉裁注："本義訓長行，引伸則專訓長。"

关 关（juàn）居券切。摶飯也。从廾，釆聲。眷、券、奐、卷、豢、拳从之。
【按】摶（tuán）飯，把飯捏成一團。

栗 罨 興 𦥏（qiān）七然切。升高也。从舁，囟聲。
或體加"卩"。

鬲 𩰲（guō）古和切。釜也。䰜、鸞从之。俗作"鍋"。

鬵 𩰿（qín）音岑。大釜也。从鬲，兓聲。

鬳 𩱠（yàn）牛建切。鬲屬。从鬲，虍聲。

巩 𢀩（gǒng）居竦切。抱也。鞏、碧、恐、蛩、銎从之。

曼 曼（màn）無販切。引也。从又，冒聲。

【按】曼，古文作𡢆、𡮂，象兩手張目之形。《楚辭·九章·哀
郢》："曼余目以流觀兮，冀壹反之何時？"放眼四下觀望
啊，希望什麼時候能返回郢都一趟。

叔 𡬠（shū）拾也。从又，尗聲。《詩》："九月叔苴。"籀
文作"𢼛"。

聿 肃（yù）筆也。从聿，一聲。

𭥉 𦘔（qiān）苦閑切。又音鏗。堅也。从又，臣聲。

殳 𣪊（shū）从又，几聲。

【按】殳，《説文》："以杸殊人也。"杸，段玉裁作"杖"，"以杖
殊人者，謂以杖隔遠之"。

殺 𩔖（duì）殳也。从殳，示聲。

殼 𣪊（qiāng/què）苦江、苦角二切。從上擊下也。一曰素也。从殳，肯聲。殼、慤、穀、𣪊之類从之。

毆 𣪍（yì）於計切。擊中聲也。从殳，医聲。

殺 𣪠（shā）从殳，杀聲。《說文》無“杀”字。相傳云音察。
【按】殺，《說文》：“戮也。”

專 𤔲（zhuān）六寸簿也。从寸，叀聲。
【按】專，甲骨文作𤔲，象用手轉動紡錘之形。本義當是紡專，引申有專一義。

尃 𡱥（fū）芳無切。布也。从寸，甫聲。
【按】布，散布。

攴 𣨭（pū）同“扑”。擊也。从又，卜聲。古文作𣥂，楷作“攵”。

敄 𢾅（wù）亡遇切。强也。从攴，矛聲。
【按】强，勉强。

改 𢻰（gǎi）更也。从攵，己聲。

睦 𣎴（mù）“睦”之古文。从囧，坴聲。
【按】《說文》：“目順也。”引申有和睦義。

翁 𦏰（wēng）鳥頸毛也。从羽，公聲。

雇 雇（hū）荒烏切。鳥也。从隹，虍聲。虧从之。

雇 雇（hù）同"鳸"。矦古切。从隹，户聲。

【按】雇，《說文》："九雇，農桑候鳥。"本義是鳥名。今音
gù，指雇用。

雚 雚（guàn）工奐切。水鳥也。从萑，吅聲。《毛詩》
借用"鸛"。鸛專、冨蹂，別一鳥也。

舊 舊（jiù）古"鴟"字。舊，留也。从萑，臼聲。借爲
"新舊"字。

贏 贏（léi）瘦也。

羣 羣（qún）輩也。羊好羣，犬好獨。

【按】段玉裁注："羊爲羣，犬爲獨。引伸爲凡類聚之偁。"

羑 羑（yǒu）進善也。

【按】段玉裁注："進當作道。道善，導以善也。"《玉篇》羊
部："羑，導也，進也，善也。今作誘。"

放 放（fàng）逐也。

寽 寽（lǜ）音律。五指捋也。从爪，一聲。

肙 肙（xì）許訖切。振肙也。肸、佾从之。

【按】振肙，段玉裁作"振肸"，"謂振動布寫也"。肸，音xī，

散布傳播。

肴 肴（yáo）从肉，爻聲。

【按】《説文》："啖也。"段玉裁注："凡非穀而食曰肴。"肴的本義是肉食。

肭 肭（tǎn）他感切。肉汁也。

肙 肙（yuān）音涓。小蟲也。从肉，口聲。

刖 刖（yuè）絶也。

【按】刖，古代的一種斷足酷刑。絶，斷也。

韧 韧（qià）恰八切。巧韧也。从刀，丯聲。契、挈、恝、絜、齧从之。

【按】韧，古文作 、 ，從刀會意刻畫的工具，"丯"表示刻畫的形狀，同時提示聲音。"韧"是"挈"的初文，本義是契刻。

籍 籍（jí）簿書也。从竹，耤聲。耤，耤田也，今作"藉"。

畁 畁（bì）与也。从廾，由聲。鬼頭之由也。

式 式（shì）从工，弋聲。

【按】式，《説文》："法也。"從工會意"規矩"，從弋得聲，有法度之意。

曷　曷（hé）何也。从日，匈聲。

朁　朁（cǎn）七感切。曾也。从曰，兓聲。

卣　卣（yóu）气行皃。从乃，卤聲。以周切。
【按】卤，古文作 乚、乚、乚、乚，象盛酒器之形。

旨　旨（zhǐ）美也。
【按】美，甘美。

虘　虘（xī）許羈切。古陶器也。从豆，虍聲。戲从之。

虘　虘（cuó）昨何切。虎不柔不信也。从虍，且聲。樝、
鄌、覰从之。
【按】"不柔不信"，段玉裁注："剛暴矯詐。"

卣　卣（yòu）于救切。小甌也。
【按】小甌，取水器。

宔　宔（zhù）器也。

衉　衉（kàn）苦紺切。羊血凝也。

即　即（jí）就食也。从皂，卪聲。
【按】即，古文作 即，象人就坐於食器之前，表示就食。

既　既（jì）稍食也。从皂，旡聲。

【按】既，古文作𣆪，象人食畢要離開的樣子。本義是吃罷。

食 𩙿（shí）从皀，亼聲。

【按】段玉裁注"亼米也"，"集眾米而成食也，引伸之人用供口腹亦謂之食"。食的甲骨文作𩚛、𩚲，象古代盛黍稷的器皿。

養 養（yǎng）从食，羊聲。

【按】養，《説文》："供養也。"

匋 匋（táo）此"陶器"之"陶"之正字。从缶，勹聲。勹同"包"。陶，邱名也，故从阜。

䍃 䍃（yóu）以周切。瓦器也。从缶，肉聲。

𧰼 𧰼（shāng）式陽切。傷也。觴、傷、殤、慯皆从𧰼省。

亶 亶（dǎn）多穀也。从㐭，旦聲。

夋 夋（qūn）七倫切。行夋夋也。从夊，允聲。

【按】行夋夋，行走遲緩的樣子。

㚇 㚇（zōng）子紅切。鳥飛斂足也。从夊，兇聲。

夆 夆（fēng）音縫。啎也。从夊，丰聲。

【按】啎，音wǔ，背逆、抵觸。

亲 亲（zhēn）此"榛栗"之"榛"之正字。新、親从之。

从木,辛聲。榛,蕪也。

柔 柔（róu）木曲直也。

【按】柔,段玉裁注:"凡木曲者可直、直者可曲曰柔。"

員 員（yuán）物數也。从貝,口聲。

【按】員,段玉裁注:"本爲物數,引伸爲人數,俗儞官員。"

賁 賁（bì）彼義切。飾也。从貝,卉聲。

貸 貸（dài）他代切。施也。貸,他得切。從人求物也。
今以兩義皆屬之貸。

【按】貸,音 tè,乞求。

賴 賴（lài）从貝,剌聲。

【按】賴,《説文》:"贏也。"《類篇》:"一曰恃也。"

賓 賓（bīn）从貝,宀聲。

【按】賓,《説文》:"所敬也。"《玉篇》:"客也。"

景 景（jǐng）光也。

曏 曏（xiàng）許兩切。曩也。

【按】曩,音 nǎng,以往、過去。

倝 倝（gàn）古案切。日始出,光倝倝也。从旦,㫃聲。
翰、戟、斡、乾、幹、韓從之。

朔 朔（shuò）从月，屰聲。

【按】朔，《説文》："月一日始蘇也。"農曆每月初一。

有 有（yǒu）从月，又聲。

【按】有，甲骨文作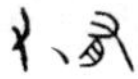，象手持肉。《説文》釋爲"不宜有也"，段玉裁注："謂本是不當有而有之偁，引伸遂爲凡有之偁。"

甬 甬（yǒng）余隴切。艸木花甬甬然也。从马，用聲。

糴 糴（dí）穀也。他弔切。

韱 韱（xiān）息廉切。山韭也。从韭，𢦔聲。讖、殲、籤、纖从之。

【按】段玉裁注："山韭謂山中自生者。"即野生的山韭菜。𢦔，楷書或作"㦰"，音 jiān。

察 察（chá）覆審也。从宀，祭聲。

完 完（wán）全也。

容 容（róng）盛也。从宀，谷聲。以上二字，大徐以爲會意，非也。

【按】盛，音 chéng，盛受。

丏 丏（miàn）莫甸切。冥合也。

【按】丏，段玉裁注："冥合者，合之泯然無迹。"

竁 𡩡（cuì）音竄。塞也。

營 營（yíng）帀居也。从宫，熒省聲。

【按】帀居，圍繞而居。

穴 𤠔（xué）从宀，八聲。

【按】穴，《説文》："土室也。"即土洞。

瘖 𤵜（yīn）於今切。不能言也。

罔 𦉑（wǎng）古同"網"。从网，亡聲。

帛 帛（bó）从巾，白聲。

【按】帛，《説文》："繒也。"指絲織品的總稱。

任 任（rén）如林切。保也。

【按】任，古文作𠈌、𠈌，象人擔荷著某種器具，引申指擔任。保，養也。

聚 𦟝（jù）與"冣"一字而小別，故"冣"从聚省聲。

【按】聚，《説文》："會也。"指聚會，聚集。

屖 屖（xī）此"栖遲"之"栖"之正字。从尸，辛聲。"遲"之籀文"遟"，及謘、犀从之。

允 允（yǔn）从儿，㠯聲。

【按】允，《説文》："信也。"指誠信。

頒 頒（bān）大頭也。

厄 厄（è）五果切。科厄，木節也。从卪，厂聲。

廣 廣（guǎng）殿之大屋也。

厤 厤（lì）郎擊切。治也。从厂，秝聲。

豭 豭（jiā）牡豕也。

豹 豹（bào）似虎圓文。从豸，勺聲。

類 類（lèi）《莊子》："類自爲雌雄。"《釋文》引《山海經》云："亶爰之山有獸焉，其狀如貍而有髮，其名曰師類，自牝牡也。"从犬，頪聲。

【按】類，種類也。《説文》："種類相似，唯犬爲甚。"《山海經·南山經》："又東四百里，曰亶爰之山。多水，無草木，不可以上。有獸焉，其狀如貍而有髦，其名曰類，自爲牝牡，食者不妒。"

燼 燼（jìn）火餘也。从火，聿聲。俗作"燼"。

照 照（zhào）明也。

熱 熱（rè）溫也。

赧 赧（nǎn）面慚赤也。从赤，㞑聲。

【按】面慚赤，因慚愧而臉紅。

夸 夸（kuā）奢也。从大，于聲。

戴 戴（zhì）音秩。大也。从大，戴聲。戴，徒結切，利也，从戈，呈聲，鐵从之。

奉 奉（hū）呼骨切。疾也。从本，卉聲。"拜"之古文"捧"从之。

奭 奭（nuò）稍前大也。又同"偄"，弱也。俗作"輭"。从大，而聲。

慮 慮（lǜ）謀思也。从思，虍聲。

态 态（ài）从心，旡聲。旡者，"无"之古文。
【按】态，《説文》："惠也。"親仁曰态。

巟 巟（huāng）音荒。水廣也。从川，亡聲。

配 配（yí）與之切。廣臣也。从臣，𠃉聲。熙从之。
【按】段玉裁注："廣頤曰配，引申爲凡廣之偁。"臣，同"頤"，下巴。

鹹 鹹（xián）北方味也。
【按】鹹，《廣韻》："不淡。"

抉 抉（jué）挑也。从手，夬聲。

戕 戕（qiāng）槍也。从戈，爿聲。

戋 戋（zāi）祖才切。傷也。从戈，才聲。哉、載、栽、裁从之。

戉 戉（yuè）古“鉞”字。从戈，ㄟ聲。
【按】鉞，以金屬製成的形制似斧的武器。

盧 盧（lú）同“盧”。从“甾缶”之“甾”，虍聲。
【按】盧，飯器。

匽 匽（yǎn）於蹇切。匿也。从匚，妟聲。

匡 匡（kuāng）古“筐”字。凡从音方之匚者，皆器名也，如匪、匯皆是[1]。

引 引（yǐn）開弓也。从弓，ㄧ聲。

系 系（xì）繫也。从糸，ノ聲。

繯 繯（huán）胡畎切。絡也。
【按】繯，段玉裁注：“落者，今之絡字。”指繩索結成的環套。

纍 纍（léi）大索也。
【按】纍，大索，繩索。

維 維（wéi）車蓋維也。

---

① 底本原作“足”。

【按】維，繫車蓋的繩子。

緐 緐 （fán）馬髦飾也。从糸，每聲。今作"繁"。

綸 綸 （guān）古還切。織絹，以絲貫杼也。从^①絲之古文絲，廿聲。廿，古"礦"字。

蚤 蚤 （zǎo）齧人跳蟲。从虫，叉聲。
【按】齧，音niè，今作"嚙"。

風 風 （fēng）从虫，凡聲。
【按】風，《說文》："八風也。"指四季吹的風名稱。

坴 坴 （lù）力竹切。土塊坴坴也。从土，圥聲。

在 在 （zài）从土，才聲。
【按】在，《說文》："存也。"本義是存在。

塞 塞 （sài）先代切。此邊塞字也。从土，窦聲。窦，見會意竝峙篇。

垂 垂 （chuí）遠邊也。从土，巫聲。

畱 畱 （liú）止也。从田，丣聲。今作"留"。劉亦作"劉"。丣聲未嘗不諧，今之君子不知也。

---

① 底本原作ㄕ，當是"从"字缺筆。

峃 岸（niè）讀若臬。危高也。从自,中聲。

阞 阞（lè）盧則切。地理也。

【按】地理,地脈紋理。

降 降（jiàng）古巷切。下也。

隓 隓（huī）"墮"之正文也。《説文》曰:"敗城阜曰隓。从阜,㕜聲。"《説文》無"㕜"字。

陛 陛（bì）升高階也。从阜,坒聲。

成 成（chéng）从戊,丁聲。古文作"戚"。

【按】成,《説文》:"就也。"本義是完成。

季 季（jiāo）古肴切。效也。从子,爻聲。敎从之。

育 育（yù）養子使作善也。从㐬,肉聲。

酓 酓①（yǎn/hān）於玷、火含二切。酒味苦也。

右爲它字之統率者,凡一百六十四文。

歲 歲（suì）木星也。从步,戌聲。五星名"五步"。

嚚 嚚（yín）語巾切。語聲也。从㗊,臣聲。

---

① 大徐本《説文》無此字,小徐本和《廣韻》《玉篇》《集韻》收録,無篆。

農 農（nóng）从晨，囟聲。

【按】農，《説文》：“耕也。”本義是種植、耕種。

臧 臧（zāng）善也。从臣，戕聲。《説文》無“藏”字。《漢書》亦借“臧”爲“藏”。

鳳 鳳（fèng）从鳥，凡聲。

【按】鳳，《説文》：“神鳥也。”

巽 巽（xùn）从丌，叩聲。

【按】巽，《説文》：“具也。”徐鉉釋曰：“庶物皆具丌以薦之。”本義是陳列、擺設。

羲 羲（xī）气也。从兮，義聲。

彭 彭（péng）从壴，彡聲。案：聲不諧。

【按】彭，《説文》：“鼓聲也。”

虒 虒（sī）息移切。委虒，虎之有角者也。从虎，厂聲。

【按】虒，傳説中似虎有角的怪獸。

盡 盡（jìn）从皿，聿聲。

【按】盡，《説文》：“器中空也。”引申指完結。

亭 亭（tíng）从高省，丁聲。

【按】亭，《説文》：“民所安定也。亭有樓。”古人設立的用來讓人休息的居所。

亳 亳（bó）从高省，乇聲。

【按】《説文》："京兆杜陵亭也。"地名。

韋 韋（wéi）从舛，口聲。

【按】韋，《説文》："相背也。"今作"違"。

韓 韓（hán）井垣也。从韋，取其帀也。倝聲。

【按】井垣，環繞水井周圍的柵欄。

㽅 㽅（ruí）音綏。艸木實㽅㽅也。从生，豖聲。豖讀
如絺。蕤从之。

霸 霸（pò）此生魄、死魄之"魄"之正字。从月，霏聲。

寤 寤（wù）寐 寐（mèi）皆从寢省，吾、未則聲也。

【按】寤，《説文》："寐覺而有信曰寤。"本義是睡醒。寐，
《説文》："臥也。"本義是睡著。

飾 飾（shì）从巾，飤聲。

【按】飾，《説文》："㕞也。"㕞，今作"刷"。刷飾即粉飾。

重 重（zhòng）从壬，東聲。

【按】重，《説文》："厚也。"厚則重也。

臨 臨（lín）从臥，品聲。

【按】臨，《説文》："監臨也。"從高處往下看。

兌 𠑙（duì）説也。从儿，㕣聲。不諧。

彦 彥（yàn）从彣，厂聲。

【按】彦，《説文》："美士有文，人所言也。"段玉裁注曰："彦，士之美稱，人所言故曰彦。"

炭 𡶬（tàn）从火，屵聲。

【按】炭，《説文》："燒木餘也。"即木炭。

鹽 鹽（yán）从鹵，監聲。

【按】鹽，《説文》："鹹也。"人工加工過的鹵水成品，即食鹽。

聖 𦔻（shèng）从耳，呈聲。

【按】聖，《説文》："通也。"即無所不通的人。

委 𡝣（wěi）委隨也。古讀委如阿，故从禾聲。

佞 㑞（nìng）从女，仁聲。

【按】佞，《説文》："巧讇高材也。"善於巧辯奉承的人。

匧 匧（lòu）此"側陋"之"陋"之正字。从匚，丙聲。

案：當从匚从内會意。"陋"乃"隘陋"之正字。

發 𤼲（fā）射發矢也。从弓，癹聲。

綏 綏（suī）車中把也。妥從𰯜聲。𰯜，古"巫"字。"妥"字轉聲，"綏"又歸本聲也。

雖　蠵（suī）似蜥易而大。从虫，唯聲。

蠲　蠲（juān）馬蠲，蟲名，菋中蠶也。从蜀，益聲。許君分爲四體説之，非也。

乾　乾（qián）上出也。从乙，倝聲。

右聲意膠葛及聲不諧者，凡三十四文。

珊　珊（shān）删省聲。
【按】珊，《説文》："珊瑚，生於海，或生於山。"

茲　茲（zī）益也。从艸，絲省聲。

薅　薅（hāo）呼毛切。拔去田艸也。从蓐。蓐，除艸復生也。好省聲。亦作"茠、茠"。

余　余（yú）語之舒也。从八，舍省聲。

犖　犖（luò）吕角切。駁牛也。从牛，勞省聲。凡从熒者皆熒省聲，唯此及膋皆勞省聲。

犂　犂（lí）从牛，黎聲。隸則省矣。秒，古"利"字。聲自諧也。
【按】犂，《説文》："耕也。"指牛耕。

舌（昏）　舌（kuò）古活切。塞口也。从口，丯省聲。亦兼指事矣。适、栝、話、刮、髻、活、聒、括从之。

哭 㷋（kū）从吅，獄省聲。
【按】哭，《說文》：“哀聲也。”

進 䜌（jìn）从辵，閵省聲。
【按】進，《說文》：“登也。”向上、向前移動。

蹋 蹋（duàn）徒管切。踐處也。从足，斷省聲。

商 离（shāng）从外知內也。从向，章省聲。案：此字取內意，是展轉而从“向”之所从也。

詧 詧（chá）同“察”。从言，察省聲。

訇 訇（hōng）虎橫切。駭言聲。从言，勻省聲。

讋 讋（zhé）之涉切，音慴。失气言也。从言，龖省聲。籀文不省。

讄 讄（lěi）音誄。禱也。纍功德以求福也。从言，纍省聲。亦作“讄”。《論語》：“讄曰，禱爾于上下神祇。”今本借“誄”。誄，謚也。

童 童（tóng）男有罪爲奴曰童，女曰妾。从辛，重省聲。此“童僕”之“童”，“僮子”之“僮”从人，今互易之。

融 融（róng）炊气上出也。从鬲，蟲省聲。

度 度（dù）法制也。从又，庶省聲。

事 事（shì）从史，之省聲。

【按】事，《説文》：“職也。”本義是官職。

段 段（duàn）此“鍛鍊”之古字。从殳，耑省聲。鍛、緞、碫从之。

將 將（jiàng）帥也。从寸，牆省聲。“扶將”之“將”本作“斨”。

皮 皮（pí）从又，爲省聲。疑是象形。

【按】皮，《説文》：“剥取獸革者謂之皮。”剥皮曰皮，引申爲名詞皮。

取 取（niè）而涉切。使也。从攴，耴省聲。

旬 旬（xuàn）本古“瞬”字，舒閏切。今黄絢切。目摇也。从勻省聲，亦作“眴”。

魯 魯（lǔ）从白，白同“自”。鮺省聲。

【按】魯，《説文》：“鈍詞也。”本義是魯鈍。鮺，音 zhǎ，古代儲藏魚的一種工藝。

閵 閵（lìn）良刃切。含閵，鳥名。从隹，藺省聲。躪从之。閵亦从藺省聲，《玉篇》作“䨓”。

羔 羙（gāo）从羊，照省聲。

【按】羔，《説文》："羊子也。"即小羊羔。

受 胬（shòu）从爪，舟省聲。鐘鼎作𣢆，不省。

脆 脃（cuì）此芮切。少血易斷也。从肉，絶省聲。

觲 𧤤（wò）於角切。調弓也。从角，弱省聲。

豈 𧯀（qǐ）此"凱歌"之正字。从豆，微省聲。

𢎨 𢎏（shěn）古"矧"字。从矢，引省聲。

覃 𪉖（tán）長味也。从𣅀，古"厚"字。鹹省聲。

【按】長味，意味深長。

复 㚆（fù）古"復"字。行故道也。从夂，富省聲。腹、
輹、複、鰒从之。

梓 𣏪（zǐ）从木，宰省聲。或作"榟"。

【按】梓，《説文》："楸也。"樹木名。楸，音 qiū，義同"梓"。

鬱 欝（yù）迂弗切。木叢生也。从林，鬱省聲。

產 产（chǎn）从生，彦省聲。

【按】產，《説文》："生也。"

贛 贑（gàn）此"端木子貢"之"貢"之正字。从貝，贛

省聲。贛,賜也。貢,獻也。

景 昘（nǎn）女版切。溫溼也。从日,赧省聲。

夜 夾（yè）从夕,亦省聲。

【按】夜,《說文》:"舍也。天下休舍也。"段玉裁注:"休舍,猶休息也。"

夢 夢（méng）不明也。从夕,瞢省聲。此"視天夢夢"之"夢"。莫忠切。

秋 燋（qiū）从禾,龜省聲。籀文作"龝"。

【按】秋,《說文》:"禾穀孰也。"禾穀熟之日即是秋天。

黎 黎（lí）从黍,利省聲。

【按】黎,段玉裁注曰:"履黏也。《釋詁》曰:黎,眾也。眾之義行而履黏之義廢矣。"

家 家（jiā）从宀,豭省聲。

【按】家,《說文》:"居也。"人所居之處曰家。

宮 宮（gōng）从宀,躳省聲。

【按】宮,《說文》:"室也。"一般來説,宮、室同義。

疫 疫（yì）从疒,役省聲。

【按】疫,《說文》:"民皆疾也。"本義是瘟疫。

席 庸（xí）从巾,庶省聲。

【按】席,《説文》:"籍也。"本義是供坐臥鋪墊的用具。

傷 傷（shāng）同"煬"。从煬省聲,省"矢"之"大",而逢"人"於"昜"之上也。

量 量（liáng）从重省,曏省聲。案:此字可疑。

【按】量,《説文》:"稱輕重也。"

監 監（jiān）从臥,舀省聲。

【按】監,《説文》:"臨下也。"本義是監視。

袁 袁（yuán）長衣兒。从衣,叀省聲。

耄 耋（mào）九十曰薹。从老,蒿省聲。

充 充（chōng）从儿,育省聲。

【按】充,《説文》:"長也,高也。"

貌 貌（mào）从兒。兒,古"貌"字。豹省聲。

哂 唏（shěn）从欠,引省聲。

【按】哂,《説文》:"笑不壞顔曰唏。"本義是微笑。

款 款（kuǎn）苦管切。意有所欲也。从欠,寮省聲。亦作"款"。

璆 璆（mù）細文也。从彡，苞省聲。

【按】細文，紋理細密，引申爲精美之稱。

彙 彙（wèi）古“蝟”字。从希，胃省聲。

【按】希，音 yì，即“希”字。象一種動物的形狀。

狄 狄（dí）赤狄本犬種。从犬，赤省聲。

熊 熊（xióng）从能，炎省聲。

【按】熊，《説文》：“獸似豕。山居，冬蟄。”動物名。

羆 羆（pí）从熊，罷省聲。

【按】羆，《説文》：“如熊，黄白文。”毛皮呈黄白雜紋的大熊。

焦 焦（jiāo）从火，雥省聲。古作“鐎”。

【按】焦，《説文》：“火所傷也。”

奚 奚（xī）从犬，繝省聲。繝，古“系”字。

恬 恬（tián）从心，甛省聲。

【按】恬，《説文》：“安也。”安静，安然。

愯 愯（sǒng）息拱切。懼也。从心，雙省聲。

【按】愯，音 jù，驚懼。

潸 潸（shān）所姦切。涕流皃。从水，散省聲。

歺（歺）肖（liè）良辥切。水流歺歺也。从川，卢省聲。列从之。卢，隸亦變爲“歺”。

鮺 鯗（zhǎ）今作“鮓”。藏魚也。差省聲。

陛 陛（bī）邊兮切。牢也。从非，陛省聲。

煢 煢（qióng）渠營切。回飛疾也。从飛，營省聲。

籍 籍（cè）士革切。刺也。从手，籍省聲。

奻 奻（càn）倉案切。三女爲奻。从女，奻省聲。今通用“粲”。

【按】奻，美的通稱。

嫐 嫐（nǎo）从女，堖省聲。俗作“惱”。

【按】《説文》：“有所恨也。”

望 望（wàng）从亡，朢省聲。

【按】望，《説文》：“出亡在外，望其還也。”本義是眺望。

縱 縱（zōng）足容切。緎屬。從省聲。

【按】緎，音 yuè，有花紋的織物。

紂 紂（zhòu）緧也。从糸，肘省聲。

【按】緧，音 qiū，駕車時套在牛馬尾下的飾物。

蜸 蜸（hē）呼各切。螫也。从虫，若省聲。

【按】螫，音 zhē，指有毒的蟲子刺人或動物。

寒　𡩋（sè）實也。从心，塞省聲。《説文》引《書》"剛而塞"，今本作"塞"。又《詩》："其心塞淵。"皆借字，"塞"其正字。又案：寒、塞上半，篆異隸同。寋、褰、騫、謇皆从寒省聲。而"愻"之或體"寒"，与訓實之"寒"，其形不別。

聚　𡍩（jù）寸句切。土積也。从土，聚省聲。

毀　𡎜（huǐ）从土，毇省聲。
【按】毀，《説文》："缺也。"段玉裁注："缺者，器破也。因爲凡破之偁。"毇，音 huǐ。

酎　酎（zhòu）除柳切。从酉，肘省聲。
【按】酎，《説文》："三重醇酒也。"指釀了三遍的醇酒。

　　右从省聲者，凡八十一文。
　　形聲字僅收四種，凡三百八十九文。

　　象形、指事、會意、形聲，凡二千三十六文。

補　闕

《説文》序例偏旁所有，而篆文未出。補記於此，以備參檢。

埶（yì）即"執"字。見"蓺、槸"二字下。

筮（shì）葢"簭"之小篆。見"噬、澨"二字下。

矩（jǔ）葢"巨"之小篆。見"䂓"下。

恝（xiè）葢"念"之或體。見"瘱"下。

劉（liú）見"鐂、瀏"下。

希（xī）从希者十一字。嚴鈠橋據金刻，定爲"絺"之古文。

免（miǎn）从之者九字。葢从兔而抆其尾。

由（yóu）葢"𠧢"之古文。从之者二十二字。

叞（kuì）《字林》以爲"喟"字。見"蔽"下。

誖（pīng）見"儶"下。《玉篇》有"誖"字。

妥（tuǒ）見"綏"下。

繇（yóu）見"櫾、闗、圝"下。

𩰤（chóu）與"䰅"同。見"璹、犝"下。

畾（léi）從之者十一字。説見象形篇。

陳山嵋跋

　　右《文字蒙求》一書，菉友同年爲余所輯録也。菉友於《説文》之學融會貫通，凡所折衷，悉有依據，著有《釋例》二十卷將以問世。余以其書非初學所能讀也，强使條分縷析，彙爲此書。雖云緒餘而已，沾匄無窮矣，亟梓之以公同好。將見讀《説文》者，亦將以此導其先路，豈僅足以給童蒙之求哉？益都陳山嵋跋。

音序索引

虞 32
瞿 169

juān
钃 239

juàn
关 221
隽 198
冏 28
衕 88
羉 175

jué
亅 25
乚 45
孑 157
毕 150
抉 232
谷 28
玨 140
絕 129
瘚 175
鑅 50
爵 31
矍 67

jūn
均 184
君 5
君 195
軍 88

jùn
睿 125

K

kāi
開 152

kǎi
愷 172

kān
栞 213

kǎn
凵 54
侃 125
竷 108

kàn
看 65
峆 226

kāng
康 214

kǎo
丂 134
考 216

kē
科 112

kě
可 171

kè
克 40

kěn
肎 102

kēng
硁 178

kǒng
孔 126

kǒu
口 6

kòu
訓 167
釦 185
寇 98

kū
圣 130
哭 240

kù
庫 137

kuā
夸 232

kuà
牛 158

kuài
巜 156
屮 27

kuǎn
款 244

kuāng
匡 233

kuàng
廫 181

kuí
夅 197
馗 89
夒 151

kuì
臾 23
叔 248
餽 172

kūn
坤 184
昆 110
蚰 144
罤 72

kǔn
壺 25

kùn
困 136

kuò
舌 239
昏 239

L

là
刺 72

lái
來 16

lài
賴 228

lán
萳 163

lǎn
覽 177

láo
勞 202
牢 149

lǎo
老 78

lè
阞 235
泐 181

léi
雷 27
畾 248
羸 224
纍 233

lěi
耒 69
厽 4
垒 186
絫 203
磊 146
讄 240

lèi
茥 163
頼 177
頪 119
類 231

襰 162

lí
离 13
犁 239
犛 220
氂 164
黎 243

lǐ
里 130
㸚 144
豊 33
禮 162

lì
力 8
立 138
吏 162
丽 44
利 195
戾 82
荔 208
砅 84
鬲 19
栗 111
秝 142
麻 231
詈 75
隸 210
巁 19
隸 210
盭 129

lián
連 93
聯 196

liàn
潄 168

liáng		liú		lún		mǎng		méng	
良	212	劉	248	侖	106	莽	164	覓	79
梁	190	塗	206	luó		舛	147	冢	200
量	244	liǔ		羅	115	máo		盟	111
liǎng		畱	175	luǒ		毛	16	夢	243
从	144	liù		蓏	90	矛	21	瞢	100
兩	200	六	131	贏	31	旄	174	měng	
兩	75	翏	99	盧	179	犛	220	黽	15
liǎo		lóng		luò		氂	164	mèng	
了	157	隆	213	举	239	蟊	34	夢	191
liào		龍	35	lǔ		mǎo		mí	
料	88	瓏	163	吕	8	戼	114	罙	215
尞	122	lóu		旅	111	卯	159	mǐ	
liè		婁	202	履	31	茆	208	米	17
歹	246	lòu		lǜ		mào		芈	51
列	212	匧	238	寽	224	冃	18	絖	183
劣	88	扁	138	慮	232	皃	28	mì	
巤	246	lú		勴	194	冒	114	冂	19
受	101	盧	233	**M**		耄	244	糸	18
鼠	29	lǔ		má		覓	79	覛	125
lín		卤	32	麻	113	瑁	163	mián	
林	142	虜	191	mǎ		貌	244	宀	24
舜	123	魯	241	馬	11	méi		募	198
臨	237	lù		mǎi		枚	109	緜	129
lǐn		峚	206	買	73	某	199	miǎn	
向	24	坴	234	mài		眉	34	丏	41
lìn		录	45	麥	108	měi		免	248
闆	241	陸	185	衇	125	每	207	㝮	89
líng		鹿	12	賣	109	美	67	靦	178
夌	72	luán		mán		媄	183	miàn	
霝	47	戀	195	市	198	黴	168	宎	229
lìng		卵	11	㒼	115	mèi		面	55
令	79	luàn		màn		彣	80	miáo	
liú		矞	101	曼	222	寐	237	苗	59
流	85	亂	131	máng		mén		miè	
畱	234	敵	169	龙	81	門	24	威	82

ruí	**shā**	涉 85	祐 162	殳 168
緌 237	沙 85	設 94	實 113	叔 222
ruì	殺 223	躲 107	**shǐ**	延 165
瑞 219	**shān**	**shēn**	史 64	書 210
叡 101	山 2	申 2	矢 21	艇 165
rùn	彡 25	屾 145	豕 11	舒 170
閏 133	芟 90	身 36	菡 154	疏 186
ruò	刪 68	罙 114	**shì**	**shú**
焱 18	珊 239	牲 142	士 61	孰 210
若 91	髟 79	參 214	氏 3	**shǔ**
弱 44	潸 245	燊 145	示 49	黍 215
S	羴 146	詵 166	世 153	蜀 31
sà	**shǎn**	燊 83	仕 176	鼠 13
卅 146	夾 50	**shěn**	市 190	**shù**
馺 179	閃 138	弞 242	式 225	术 17
sài	**shàn**	哂 244	事 241	戌 139
塞 234	扇 126	宷 91	是 60	束 136
簺 171	善 94	**shèn**	室 174	芀 117
sān	鄯 173	甚 70	笢 103	庶 121
三 37	**shāng**	脀 201	笘 248	**shuā**
sàn	商 240	**shēng**	飾 237	厂 63
散 212	傷 244	升 34	爽 169	**shuài**
橵 113	煬 227	生 135	諡 209	帥 200
sāng	**shàng**	笙 171	**shǒu**	率 23
桑 72	上 38	**shèng**	手 7	**shuāng**
喪 164	尚 208	聖 238	守 113	雙 67
sào	**sháo**	**shī**	百 6	**shuǎng**
埽 87	勺 20	尸 9	首 6	爽 161
sè	**shǎo**	失 217	**shòu**	**shuǐ**
色 120	少 220	師 109	受 242	水 3
寋 104	**shé**	溼 192	獸 131	**shuì**
嗇 71	它 15	**shí**	**shū**	帨 175
塞 247	舌 165	十 152	几 154	**shǔn**
瘂 153	**shè**	什 76	殳 222	盾 33
sēn	社 58	石 27	疋 30	**shùn**
森 146	舍 27	食 227	朩 17	舜 35

往 209	**wēng**	西 44	**xià**	饗 172
wàng	翁 223	希 248	下 38	**xiàng**
望 246	**wǒ**	昔 155	夏 108	邞 161
朢 161	我 202	析 108	唬 92	向 113
wēi	**wò**	肸 93	**xiān**	巷 174
危 81	臥 78	息 180	仚 77	相 198
威 202	毠 65	奚 245	先 135	象 12
散 115	觸 242	犀 230	思 196	鼻 228
微 221	蒦 66	榝 189	鐵 229	**xiāo**
wéi	**wū**	悉 91	鱻 147	唬 92
囗 45	巫 30	犀 220	**xián**	梟 155
韋 237	於 10	虗 226	弓 142	歊 177
唯 221	屋 79	羲 236	次 118	囂 91
爲 34	烏 10	醯 105	弦 33	**xiǎo**
維 233	**wú**	**xí**	咸 92	小 133
wěi	无 153	席 244	閑 138	**xiào**
广 80	毋 139	習 211	慈 181	孝 78
尾 160	吾 220	覤 104	銜 131	肖 212
委 238	吳 83	**xǐ**	鹹 232	笑 199
wèi	無 109	徙 209	**xiǎn**	**xié**
未 52	**wǔ**	喜 105	祱 122	叶 88
位 76	五 38	憙 172	愬 60	劦 147
叀 33	午 46	諰 94	**xiàn**	協 185
畏 120	伍 76	**xì**	臽 137	頁 118
胃 29	武 86	匸 128	陷 185	恊 185
尉 82	**wù**	肎 224	晛 174	嬲 185
犚 213	勿 22	系 233	羨 118	㰳 192
彚 245	戊 204	係 177	憲 192	**xiè**
衞 188	舠 200	㣇 115	**xiāng**	卸 188
wēn	敄 223	隙 186	皀 31	眉 78
盈 70	寤 237	綵 87	香 112	惵 248
wén	兀 200	闃 96	鄉 214	屑 216
文 42	**X**	霓 118	**xiáng**	离 14
彣 119	**xī**	**xiá**	夆 148	燮 197
馼 179	夕 155	夑 12	**xiǎng**	爕 82
	兮 48	辇 190	言 49	

zāi	厌 178	**zhǎo**	**zhī**	舟 46
巛 138	**zéi**	爪 40	之 135	**zhǒng**
㞬 233	賊 218	叉 29	支 154	冢 217
灾 82	**zēng**	**zhào**	只 48	**zhòng**
甾 163	曾 187	召 221	卮 201	仲 176
zǎi	**zhā**	兆 52	知 107	衆 116
宰 161	㩲 199	肁 126	隻 65	**zhōu**
zài	**zhǎ**	陉 194	戠 202	舟 19
再 155	煮 246	詔 166	**zhí**	州 143
在 234	**zhà**	照 231	直 128	周 59
酨 188	乍 128	翟 66	執 180	盩 124
zān	**zhài**	**zhé**	馽 51	鬻 168
兂 30	栅 173	毛 43	**zhǐ**	**zhǒu**
zàn	廌 12	耴 29	夊 40	肘 102
鏨 185	**zhān**	斱 152	止 8	帚 76
贊 110	占 65	嘉 145	旨 226	**zhòu**
zāng	詹 196	讋 240	㒼 115	紂 246
臧 236	**zhǎn**	**zhě**	積 190	酎 247
zàng	展 215	者 211	襧 177	晝 154
奘 180	斬 203	**zhēn**	**zhì**	**zhū**
奘 179	琖 148	貞 98	至 56	朱 54
葬 150	**zhàn**	眞 116	豸 13	**zhú**
zǎo	占 65	亲 227	制 103	竹 18
早 136	展 215	**zhěn**	炙 137	逐 197
蚤 234	**zhāng**	參 98	陟 89	**zhǔ**
棗 142	章 62	**zhèn**	致 108	、 39
藻 187	彰 178	兩 126	侍 176	主 20
藻 187	**zhǎng**	朕 200	觶 191	**zhù**
zào	爪 158	**zhēng**	寰 151	宁 45
皁 136	**zhàng**	爭 101	戴 232	壴 105
zé	丈 61	徵 106	製 78	祝 90
則 102	**zhāo**	**zhěng**	質 199	宔 226
責 213	招 182	整 168	矯 99	尌 105
zè	釗 103	**zhèng**	鷙 105	筑 171
矢 53	鼂 202	正 92	**zhōng**	彞 51
仄 80		政 168	中 39	箸 131

筆畫索引

宛	111	母	28	匠	129	舌	239	旬	80
包	28	幼	100	夸	232	竹	18	夅	148
主	20	**六畫**		灰	82	兆	25	舛	153
市	190	匡	233	成	139	休	72	各	60
广	41	耒	69	列	212	伍	76	名	91
立	138	韧	225	死	102	伏	116	多	142
半	59	式	225	成	235	臼	27	色	120
羊	50	开	45	夷	123	伐	77	冰	85
宁	45	荆	106	至	56	延	221	亦	55
穴	230	戎	128	未	17	仲	176	交	54
宂	75	圭	144	此	92	㑊	84	衣	35
它	15	寺	210	虍	25	任	230	辛	62
必	208	冊	146	劣	88	佀	146	亢	232
永	46	吉	59	光	137	仰	76	肷	22
聿	64	青	114	吁	172	自	6	亥	132
司	159	考	216	早	136	伊	115	充	244
尻	88	老	78	夹	23	由	26	羊	11
民	5	耳	7	㠇	74	自	2	并	215
弗	128	共	63	曳	132	血	31	关	221
疋	30	芾	198	虫	14	向	113	米	17
庐	121	亘	149	曲	23	凶	6	庐	50
朱	53	臣	5	曲	218	后	119	州	143
出	43	吏	162	叩	141	行	40	汙	84
发	197	再	155	同	114	辰	159	守	113
奴	127	西	51	吕	8	肎	159	字	140
加	130	束	32	因	73	舟	19	安	75
召	221	西	39	屾	145	合	71	肎	102
皮	15	西	44	回	25	兆	52	聿	222
皮	241	亙	149	网	23	肖	224	那	214
孕	47	戌	140	肉	15	受	100	艮	77
圣	130	在	234	年	214	兇	75	辰	79
弁	30	辿	171	朱	54	刖	225	异	210
台	208	有	229	缶	24	凤	111	弜	144
灾	148	百	198	先	135	危	81	弘	87
矛	21	存	219	牝	220	乓	150	阱	172
邓	161	而	7	舌	165	旨	226	丽	145

者	211	協	185	沓	104	肴	225	炎	143		
芴	117	奔	216	㳷	145	毟	86	泮	181		
奉	234	奇	104	罔	230	焱	144	沉	181		
麦	72	奄	123	咼	221	采	72	宗	75		
拘	165	狀	143	拝	141	呈	78	定	113		
幸	83	牵	123	制	103	受	242	宜	191		
招	182	豕	51	幷	215	爭	101	官	203		
亞	56	妭	28	知	107	乳	126	戻	82		
聀	69	肂	187	垂	234	放	168	肩	29		
其	22	妻	127	牧	64	肺	211	役	222		
取	64	戔	144	乖	67	狀	68	罙	114		
苷	163	玗	63	季	186	肸	93	建	161		
昔	155	疢	143	委	238	朋	10	录	45		
茡	6	悉	232	秉	137	肮	225	隶	154		
若	91	非	156	岳	27	胆	186	帚	76		
苗	59	叔	222	佰	77	服	216	居	78		
苟	207	卓	116	臾	132	周	59	屍	78		
茆	208	敥	246	兒	28	昏	73	廄	63		
直	128	虎	12	侃	125	兔	13	戕	242		
枺	17	茉	33	凭	88	匋	227	弦	33		
林	142	尚	208	佮	176	臽	137	弢	129		
杳	135	具	95	佩	76	智	48	承	127		
杸	173	昊	180	佳	9	匈	178	戕	232		
枚	109	杲	135	佼	176	咎	77	巫	130		
析	108	果	32	臭	84	匊	80	降	235		
來	16	夏	99	帛	230	炙	137	函	29		
枚	168	昆	110	卑	133	京	27	姓	182		
東	135	昌	110	阜	3	宧	24	㸡	13		
或	139	門	24	所	145	夜	243	叕	46		
戛	170	易	14	往	209	卒	55	帟	12		
臥	78	昕	177	舠	200	庚	204	糾	166		
臥	222	炅	123	金	81	音	172	甾	23		
事	241	畀	225	舍	27	妾	62	**九畫**			
刺	171	刪	85	金	35	放	224	契	123		
兩	75	典	69	侖	106	於	10	奏	124		
雨	2	困	136	命	91	育	235	春	187		

莽	187	最	114	雋	198	焱	147	幾	100
戟	218	量	244	焦	245	勞	202		
悳	125	鼎	19	躭	107	渝	71	瑁	163
喪	164	閏	133	髭	80	盜	118	瑞	219
森	146	開	152	衆	116	寒	137	肆	216
棷	113	閑	138	䑏	165	窨	113	搆	127
焚	179	猒	70	御	188	寐	237	犛	51
棥	99	晶	146	須	79	寏	174	馭	179
辠	213	閒	138	䩱	125	雇	224	鼓	151
軼	89	景	228	舒	170	惢	147	鼓	169
惠	68	貴	214	鈁	185	尋	188	壼	25
睪	164	敧	168	番	31	畫	47	聖	238
棬	222	蛞	144	禽	35	鬲	248	蓱	220
覃	242	單	164	爲	34	犀	220	夢	243
粟	112	甽	148	舜	35	屛	89	蒦	66
棗	142	喦	53	矞	101	慈	181	蒝	90
棘	142	嵒	80	飮	216	巽	236	蒿	220
酣	186	斝	34	猶	179	疏	186	蓄	71
雲	2	買	73	觚	242	陸	235	㮺	99
昪	180	罥	75	飧	71	亞	153	殼	97
舓	141	盟	111	詞	178	隙	186	畺	47
麻	231	黑	83	詔	166	敫	168	斟	222
雁	189	無	109	就	107	靲	192	罃	178
焱	146	毳	146	竦	124	䖦	147	惷	125
寮	122	粖	145	童	240	媛	183	電	125
熰	179	黍	215	歆	202	媄	183	雷	27
猋	237	稝	190	音	61	媧	246	黿	27
區	103	犂	239	啻	221	登	148	甆	98
猗	165	喬	123	棄	100	發	238	歲	235
替	226	等	103	善	94	喬	195	虙	226
臸	143	筑	171	普	110	絫	203	廎	121
崔	150	筆	97	舜	123	巎	191	虜	191
毈	97	舄	10	尊	132	絞	179	業	33
睿	125	梟	74	奠	104	絑	183	颰	60
美	167	貸	228	道	93	絕	129	賊	218
茢	115	集	67	曾	187	絲	18	鼀	15

輟	185	警	166	聲	185	辯	139	二十四畫	
橐	213	藹	209	曆	173	夒	151	鹽	238
醫	196	藻	187	鹹	232	瀘	122	鱛	165
顓	143	鏊	185	釁	105	犀	67	戁	124
殯	170	橐	213	矍	67	二十二畫		纙	175
鷟	222	醯	105	艷	105	聽	193	闥	13
豐	49	爕	150	籍	225	囊	213	儸	146
閱	96	疊	111	敹	189	爐	179	臮	169
瞿	169	蠅	130	贛	108	霾	118	蠡	146
黿	202	獸	131	競	94	躕	240	贛	242
闖	138	罼	115	糶	229	羉	71	二十五畫	
蟲	14	羆	245	瀰	192	鱻	145	以上	
蟪	183	羅	115	寶	191	讈	240	樐	192
囂	235	贊	110	廫	191	竊	191	勸	194
嶲	189	簍	171	饗	172	蠹	34	糶	173
簀	189	關	96	鏊	129	蠱	34	釁	167
雙	67	辭	89	二十一畫		鷩	168	蠡	147
歸	187	邊	197	轟	147	巒	129	鱷	218
廑	181	贏	224	覽	177	二十三畫		黸	79
羴	146	羹	96	舁	104	蘫	172	鬱	106
鼥	137	類	231	霸	237	贊	70	鬱	242
彝	193	繯	233	鮊	165	蠱	87	齈	146
縴	183	戀	195	顥	119	籥	192	爨	150
斷	88	二十畫		纍	233	讋	240	鬮	194
十九畫		瓏	163	囂	91	鷥	188	钃	143
驌	179	鬍	191	飆	82	躅	239	鱻	147
難	211	蘩	208	矗	146	瀨	162	麤	146

已出書目

✓ 大廣益會玉篇

✓ 爾雅

✓ 廣韻校釋

✓ 經義述聞

✓ 佩觿釋證

✓ 切韻彙校

✓ 釋名

✓ 釋名疏證補

✓ 說文解字

✓ 說文解字繫傳

✓ 文字蒙求